ANNA D. GARUDA ist Diplomastrologin und psychologische Beraterin. Seit über 15 Jahren begleitet sie in eigener Praxis Menschen auf ihrem Weg zu mehr Gesundheit, Wohlbefinden und Lebensfreude.

ANNA D. GARUDA

ASTRO*RELAX*

Jungfrau

Gesundheit für
Körper, Geist und Seele

Wilhelm Heyne Verlag
München

HEYNE ASTROLOGIE
14/424

Umwelthinweis:
Dieses Buch wurde auf
chlor- und säurefreiem Papier gedruckt.

Alle Angaben in diesem Buch sind sorgfältig recherchiert. Für den Erfolg bzw. die Richtigkeit der Anwendungen in jedem Einzelfall können Autorin und Verlag keinerlei Gewähr übernehmen.

Originalausgabe 12/2001

http:/www.heyne.de
Printed in Germany 2001
Redaktion: Johann Lankes
Tierkreiszeichenillustration:
Konrad Dördelmann, Künstlergemeinschaft Hallbergmoos
Blumenillustration:
Tita Heydecker, Künstlergemeinschaft Hallbergmoos
Umschlagillustration:
Corbis Stock Market/Stephen Welstead
Umschlaggestaltung und Layout:
Eisele Grafik-Design, München
Herstellung:
H + G Lidl, München
Satz: Fotosatz Völkl, Puchheim
Druck und Bindung: Offizin Andersen Nexö Leipzig

ISBN 3-453-19969-3

DANKSAGUNG

Ein herzliches Dankeschön für die Unterstützung in allen medizinischen Fragen möchte ich Frau Dr. Aletta Georgii, Hautärztin und Akupunkteurin, München, Frau Dr. Monika Volz-Osenberg, Akupunktur und Chinesische Medizin, Wiesbaden, Frau Dr. Dorothea Fuckert, Waldbrunn, Frau Proeller von der Firma Soluna (Spagyrik), Herrn Richard Mayer-Sonnenburg, Heilpraktiker und Kinesiologe, Augsburg, und Herrn Dr. Andreas Müller, Leiter des Hyperbaren Sauerstoffzentrums in München, aussprechen.
Meine aufrichtige Anerkennung gilt auch dem Künstler Konrad Dördelmann, der mit viel Liebe zum Detail und zur Kunst die symbolträchtige Tierkreiszeichen-Serie erstellte. Ebenso gebührt mein Dank der Künstlerin Tita Heydecker, die ihre ausdrucksstarken Blumenbilder für die Tierkreisbücher zur Verfügung stellte. Die Zusammenarbeit mit so vielen engagierten Menschen ist mir stets eine wahre Herzensfreude!

Die Jungfrau

Persönlichkeit

Jungfrauen gelten als verlässlich und Oberflächlichkeit ist ihnen ein Gräuel.

Auf ausgelassenen Partys werden Sie kaum eine Jungfrau finden, denn viele Menschen und zu viel Oberflächlichkeit sind diesem Tierkreiszeichen ein Gräuel. Am Arbeitsplatz lernen Sie viel eher eines dieser Exemplare kennen. Jungfrauen sind verlässlich, äußerst fleißig und neigen dazu, sich mehr Arbeit aufzuladen, als sie eigentlich schaffen können. Äußerlich wirken sie meist ruhig und beobachten mit ihren klaren, intelligenten Augen ihre Umgebung, doch innerlich wird dieses Tierkreiszeichen oft von vielen Sorgen und Ängsten gequält.

Nur wenige unter den Jungfrauen sind kleinlich, pedantisch oder gar dogmatisch. Die meisten Menschen dieses Zeichens besitzen Charme und sprühen bisweilen sogar vor Witz. Allerdings reagieren sie fast alle schnell launisch, gereizt und nervös, wenn sie auf Gemeinheitheit, Dummheit oder Chaos in ihrer Umgebung stoßen: All das vertragen Jungfrauen äußerst schlecht.

Fühlen Sie sich krank oder brauchen Sie Hilfe? Dann sind Sie bei einer Jungfrau – egal ob männlich oder weiblich – bestens aufgehoben. Haben Sie eine Jungfrau zu Gast, dann wird sie Ihnen beim Abräumen oder -waschen ganz sicher behilflich sein. Viele Astrologen warten fast darauf, dass der Planet Vulkan, der wahre Herrscher der Jungfrau, endlich entdeckt wird. In der griechischen Mythologie ist Hephaistos (römisch Vulcanus) der lahme Gott mit dem scharfen Verstand. Auffällig ist, dass viele Jungfrauen einen ungewöhnlichen Gang haben, bisweilen sogar hinken und von Geburt an einen brillanten Verstand und starke analytische Fähigkeiten besitzen.

Lieben Sie einen *Jungfrau-Mann*? Hoffentlich sehnen Sie sich

nicht nach andauernder Romantik, denn dann müssten Sie Ihre Wünsche auf Diät setzen. Er spielt vor Ihrem Balkon sicherlich keinen singenden und schmachtenden Romeo!
Wenn Sie allerdings einen praktischen Menschen bevorzugen, einen, der verlässlicher als ein romantischer Tagträumer ist, tüchtiger als ein verbaler Aufschneider und sich für Hilfsbedürftige geradezu aufopfert, dann haben Sie das große Los gezogen! Der Jungfrau-Mann sucht in der Liebe viel eher die Qualität als die Quantität. Sein Herz muss schon lodernd brennen, ehe er leidenschaftlich wird. Er nimmt sich Zeit, Sie zu überprüfen, denn er braucht eine echte, ehrliche und anständige Beziehung. Hat er schon eine Liebesenttäuschung verkraften müssen, dann ist er jetzt doppelt vorsichtig geworden. Wenn er sich endlich für Sie entschieden hat, ist er allerdings zu großen Opfern bereit und kann Jahre auf Sie warten. Er neigt nicht zum Seitensprung, sondern wird Sie bei allen Schwierigkeiten, die das Leben so bringt, begleiten und gemeinsam mit Ihnen diese Probleme überwinden. In seelischen oder auch materiellen Notlagen ist er eine sehr große Stütze. Er wird Sie rücksichtsvoll behandeln, strahlt gütige Wärme aus und pflegt Sie bei jeder Krankheit gesund. Sicherlich haben

Von einem Jungfrau-Mann darf man keine romantischen Höchstleistungen erwarten.

Welche Hobbys lieben Jungfrauen?

In ihrer Freizeit beschäftigen sich Jungfrauen häufig mit Briefmarkensammeln, Laubsägearbeiten und Heimwerken, Restaurieren oder Gärtnern. Sie lieben Diskussionen, schauen auch gern Tiersendungen an oder satirische Aufführungen. Wer eine künstlerische Ader besitzt, hat vielleicht Freude an der Prosaschriftstellerei, am Gravieren, Kupferstechen, Ziselieren, Zeichnen, an Grafik oder Fotografie, am Instrumentenbau oder an Architektur. Viele Schachmeister sind jungfraubetont.

Wohin fahren Sie als Jungfrau in Urlaub?

Wie wäre es denn, wenn Sie mal mit dem Rucksack in die Dolomiten zum Wandern gingen? Oder durchstreifen Sie lieber mit dem Strohhut Bali? Auch die Stätten des Altertums sollten Sie einmal bereisen. Von der Mentalität der Menschen her passen Norwegen und Schweden gut zu Ihnen. Warschau und Hanoi haben einen Jungfrau-Aszendenten. Nach astrologischer Überlieferung sind die Türkei, Kreta, Mesopotamien, Kroatien und das Elsass für Sie eine Reise wert oder die Städte Basel, Boston, Breslau, Erfurt, Heidelberg, Jerusalem, Los Angeles, Lyon, Paris, Straßburg und Toulouse.

Weibliche Jungfrauen sind perfektionistisch und haben einen kritischen Verstand.

ihm Ihr klarer Verstand und Ihre gepflegte Erscheinung imponiert. Nur selten beginnt er einen Streit – er ist höchstens mal launisch oder etwas gereizt. Gratulation: Sie haben einen rundherum verlässlichen Gefährten für Ihre Zukunft erwischt!
Lieben Sie eine *weibliche Jungfrau*? Sie ist gar nicht so sanft und jungfräulich, wie Sie vielleicht denken. Da sie schlecht heucheln kann, muss sie in Ihnen wohl die wahre Liebe entdeckt haben. Sie startet nicht von null auf hundert in wenigen Sekunden. Hoffentlich waren Sie beim ersten Treffen pünktlich! Diese Perfektionistin kann durchaus nörglerisch sein und spart nicht mit kritischen Bemerkungen. Was Sie am meisten ärgern wird, ist, dass sie eigentlich Recht hat. Lügen Sie ihr nichts vor, denn ihr scharfsichtiger Verstand entdeckt alles!
Wenn es Ihre Männlichkeit nicht verletzt, sind Sie gut beraten, Ihrer Gefährtin die Bankgeschäfte zu überlassen. Achten Sie auf Ihre Wortwahl: Gemeinheiten oder Dummheit kann eine echte Jungfrau nicht ertragen. Ihr Herz schlägt wärmer, als es nach außen hin den Anschein hat.
Die Gefühle einer Jungfrau können durchaus heftig sein, doch sie geht damit nicht hausieren. Nicht jeder erhält einen Ein-

blick in ihr belebtes Innenleben. Zudem ist sie äußerst geistreich und kann bezaubernd lachen.
Da eine weibliche Jungfrau gut auf ihren eigenen Beinen steht, braucht sie normalerweise keinen »Versorger«. Was für ein Glück für Sie, wenn sie sich Ihnen trotzdem zugetan fühlt. Ihre zarte und scheue Erotik setzt sie auf leise Art ein, denn sie ist niemals derb. Allerdings gibt sie sich dem Mann, dem sie vertraut, nur sehr behutsam hin. Ihre rücksichtsvolle Art hält sie jedoch nicht davon ab, Ihnen zu helfen, alle Sorgen mit Ihnen zu teilen und Sie aufzubauen, wenn Sie es nötig haben. Sie kann gut kochen und weiß, wie man den Körper gesund hält. Ihr Geld wirft sie nicht zum Fenster hinaus. Auch eine Ehe wird sie niemals leichtsinnig aufs Spiel setzen. Fremdgehen wird sie nur dann, wenn die laufende Beziehung schon lange Zeit zerrüttet ist und ihr »zufällig« ein besserer Partner über den Weg läuft. So viele Positiva werden Sie nur selten in einer einzigen weiblichen Person vorfinden, denn alles, was sie macht, gelingt perfekt. Sie sind wahrlich ein Glückspilz!

Jungfrau-Geborene zeigen ihre Gefühle nicht jedem und betören durch zarte Erotik.

Künstler: Konrad Dördelmann, Hallbergmoos
Dieses Tierkreiszeichen-Bild entstand als Ätzradierung in limitierter Auflage im Format 20 x 15 cm. Das Original ist handkoloriert.

Diese Abbildung stammt aus einer Reihe von zwölf Tierkreiszeichen-Bildern, die auf dem Prinzip »Wie oben, so unten« basieren. Sie lehnen sich an das so genannte »senkrechte Weltbild« an, wobei sich die den Urprinzipien zugeschriebenen Kräfte in wesensverwandten Ausdrucks- und Gestaltungsformen auf allen möglichen Ebenen der Naturerscheinungen äußern.

Jungfrau repräsentiert die stoffliche Natur als fruchtbare Mutter. Bei den Griechen symbolisiert »Demeter«, bei den Römern »Ceres« und bei den Ägyptern »Isis« dieses Prinzip. Hermes/Merkur gilt als Symbol des Verstandes. Er war Gott der Sprache und Rhetorik (Kommunikation), Gott der Wege und der Reisenden, der Händler und Kaufleute, aber auch der Diebe, der Betrüger und Wegelagerer, Gott des Handwerks und seiner Fähigkeiten, Symbol der körperlichen Beweglichkeit, der flinken Intelligenz und Geistesgegenwart.

Die Jungfrau symbolisiert die Prinzipien des Verstandes und der Kommunikation.

Hermes/Merkur war Erfinder der Lyra, einer Leier mit einem Schildkrötenpanzer als Resonanzkörper. Der Merkurstab (Caduceus) ist Sinnbild des Handelns und der Ärzte, zwei Schlangen der Polarität winden sich um die Mitte.

Thot, der ägyptische Gott mit dem Ibiskopf, war Gott der Schreibkunst und Wissenschaft, steht für Intellekt, Überlegung, Kalkulation, Kritik und Logik.

Konrad Dördelmann

Steckbrief Jungfrau

Jahreszeit:	Spätsommer (24. August bis 23. September)
Element:	Erde (das zweite Zeichen im Erdelement)
Geschlecht:	weiblich – negativ – Yin
Herrscher:	Merkur (für das vermittelnde Prinzip)
Pflanzen:	Eberesche, Getreide, Dill, Fenchel, Zwetschge, Kornblumen
Tiere:	Ameisen, Fuchs, Gänse
Organe:	Dünndarm, Dickdarm bis Mastdarm
Lebensphase:	vom 7. bis zum vollendeten 13. Lebensjahr
Kabbala:	Merkur gehört zur 8. Sephirot auf der passiven Säule der Härte und Stärke

Prominente Jungfrau-Geborene

25.08. Johann Gottfried Herder, Leonard Bernstein, Sean Connery, Rob Halford, Claudia Schiffer
26.08. Dagmar Koller
27.08. Jassir Arafat, Gerhard Berger, Georg Friedrich W. Hegel, Mutter Teresa, Lyndon B. Johnson, Marianne Sägebrecht
28.08. Johann Wolfgang von Goethe , Ingrid Bergman
29.08. James Hunt, Michael Jackson
30.08. Jean-Claude Killy, Cameron Diaz, Peter Maffay, Willi Reichert
31.08. Richard Gere, Maria Montessori
01.09. Gloria Estefan, Barry Gibb, Carl Uwe Steeb
02.09. Jimmy Connors, Keanu Reeves, Anja Schüte, Jack White
04.09. Anton Bruckner, Rudolf Schock
05.09. Ludwig XIV., Didi Hallervorden, Freddy Mercury, Raquel Welch
06.09. Franz Josef Strauß
07.09. König Baudouin
08.09. Mario Adorf, Clemens Brentano, Anton Dvořák, Eduard Mörike, Wilhelm Raabe, Peter Sellers
9.09. Hugh Grant, Michael Keaton, Billy Preston, Otis Redding, Max Reinhardt, Kardinal Richelieu, Leo Tolstoi
10.09. José Feliciano, Karl Lagerfeld
11.09. Franz Beckenbauer
12.09. Ralf Bauer, Maurice Chevalier, Linda Gray, Barry White
14.09. Theodor Storm, Albrecht Wallenstein
15.09. Agatha Christie, Lisa Fitz, Petra Schürmann
16.09. Sabine Bach, David Copperfield, Peter Falk, Oskar Lafontaine, Mickey Rourke
17.09. Anne Bancroft, Reinhold Messner
18.09. Greta Garbo, Wolfgang Schäuble
19.09. Karin Baal
20.09. Sabine Christiansen, Sophia Loren
21.09. Larry Hagman, Vico Torriani
22.09. Hans Albers, Shari Belafonte-Harper

Lebenswünsche der Jungfrau

Positiv: Eine echte Jungfrau hat Freude an Präzision und akribischen Kenntnissen. Sie beobachtet gern genau und besitzt eine Menge forschendes Verständnis. Ihr rationales Wissen kann sie dienend weitergeben. Ihre Vorzüge sind Akribie, Bedachtheit, Beobachtungsgabe, analytische Fähigkeit, Differenziertheit, Pflichtbewusstsein, Sorgsamkeit und Vernunft.

Negativ: Ein Zuviel der Jungfrau-Energie führt zu zersetzendem Misstrauen, das alles, was der eigenen Logik nicht verständlich ist, zynisch verdammt. In seiner negativen Ausprägung neigt der Jungfrau-Geborene zu großer Ängstlichkeit, zu übertriebener Kritiksucht, unangebrachtem Argwohn, ständiger Pedanterie, lähmendem Pessimismus bis hin zu Verschlagenheit und verletzendem Zynismus.

Kontaktadresse für Menschen in Lebenskrisen: Das Netz, Hasenrain 65, CH-4102 Binningen, Tel.: 00 41/61/3 83 97 22.

Gesundheitstipps für Körper, Geist und Seele

»Es ist wichtig, den Körper mit der Seele
und die Seele durch den Körper zu heilen!«

OSCAR WILDE

Sie sehen anhand der kleinen Charakterisierung des Jungfrau-Menschen im vorangegangenen Kapitel und der im Anhang folgenden Aszendentenbeschreibung einen kleinen Ausschnitt des breiten Spektrums der Astrologie. Man könnte ein ganzes Buch nur über einen Menschen und dessen Geburtshoroskop füllen!

Nutzen Sie die Astrologie, um mehr über sich zu erfahren.

So ist die Astrologie für mich auch nach 20 Jahren Praxis ein immer wieder spannendes und sehr intellektuelles Hilfsmittel, um Körper, Geist und Seele eines Menschen besser ergründen zu können. Durch die Anregungen der Astrologie kann man seine Persönlichkeit zur vollen Blüte entfalten und fröhlich zum Ausdruck bringen. Dieses Wissen gibt aber auch den Anstoß zu vermehrtem Verständnis und zu mehr Toleranz für unsere Mitmenschen und für uns selbst.

In den zwölf Tierkreiszeichen-Büchern dieser Reihe habe ich alles zusammengetragen, was Sie wissen müssen, damit Sie sich wohl fühlen – egal ob Ihre *Sonne* in diesem Tierkreiszeichen steht oder Ihr Aszendent sich darin befindet. Mithilfe der Tabelle auf Seite 121 können Sie Ihren Aszendenten (falls Sie ihn noch nicht wissen) leicht selbst herausfinden. Die nachfolgenden Empfehlungen wirken sich sowohl auf Ihr *Sonnen*-Zeichen als auch auf Ihren Aszendenten sehr positiv aus, denn zum Wohlfühlen sind beide Punkte sehr wichtig.

Auf den nachfolgenden Seiten finden Sie eine Menge Tipps und alternative Therapien, auf die Sie nach meiner langjährigen Erfahrung dank Ihres persönlichen Tierkreiszeichens sehr gut ansprechen werden. Doch auch Menschen, die ein oder zwei Planeten im sechsten Haus des Geburtshoroskops oder in der *Jungfrau* platziert haben, reagieren positiv darauf. Ähnliches gilt auch, wenn auffällige Aspekte des *Merkur* vorhanden sind.

Noch ein weiterer Tipp für Fortgeschrittene: Schauen Sie in

Ihrem Geburtshoroskop nach, welches Tierkreiszeichen das *achte* Haus belegt. Dieses Haus im Geburtshoroskop weist ebenfalls darauf hin, wo wir in alten Sippenmustern gefangen sind, wo wir schwer loslassen können und wo wir therapeutisch (Pluto) am besten ansetzen können. Das Tierkreiszeichen, das im achten Haus steht, zeigt darüber hinaus die für Sie wirksamsten Therapieformen auf.

Fazit: Wer seine *Sonne*, seinen *Aszendenten* oder seine Planeten mit den angebotenen Therapien stärkt, hat wesentlich mehr Energien fürs Leben zur Verfügung. Und daraus folgt: Damit steigt auch die Lebensfreude. Die gesellschaftliche Struktur in den westlichen Industrienationen zwingt uns fast unbemerkt, auf Kosten der Gesundheit dem Geld nachzujagen. Danach sind wir gezwungen – weil uns diese Lebensform krank gemacht hat –, mit unserem Geld der Gesundheit nachzujagen.

Stärken Sie sich mit den Gesundheitstipps, dann haben Sie mehr Lebensenergie.

Nach dem Studium Ihres Wohlfühlbuches für Ihr Tierkreiszeichen und für Ihren Aszendenten wissen Sie, wie Sie sich seelisch, geistig und körperlich gesund erhalten können. Aus dem reichhaltigen Angebot der Tipps ist ganz sicher auch für Sie etwas dabei. Ein besonderer Service steht auf den letzten Seiten dieses Buches: Kontaktadressen und Literaturempfehlungen für die angebotenen Therapien.

Ich wünsche Ihnen viel Freude auf dieser spannenden Reise, einige wertvolle Erkenntnisse und viele hilfreiche Ansätze für eine bewusstere und positivere Lebensgestaltung!

Jungfrau: Astrologische Zuordnungen

Jungfrau: 24. August bis 23. September
Element: Erde
Herrscher: Merkur des Abends
Primär: Galle, Leber, Milz und Verdauungsorgane
Sekundär: Bauchspeicheldrüse, Füße und Zehen

Jungfrau-Geborene neigen zu Stoffwechselstörungen.

Jungfrau-Anfälligkeiten: Bauchfellentzündung, Blähungen, Darmkatarrh, Darmkoliken, Darmgeschwüre, Dickdarmentzündung, Durchfall, Existenzangst, Gärungs- und Fäulnisdyspepsien, Leber- und Galleerkrankungen, Sehnenscheidenentzündung, Schlafstörungen, Verdauungsprobleme, Verstopfung und unspezifische Ängste
Merkur = Symbol für Finger, Hände, Hörorgane, motorische Nerven, Sprachorgane
Merkur-Krankheiten: Beschleunigter Puls und/oder Atmung, Gehörleiden, geistige Erregbarkeit, nervöse Störungen, Sprachstörungen und Zittern
Diagnose: Probleme mit der Verdauung und dem Darm zeigen beispielsweise Projektion, Verdrängung oder Überidentifizierung mit der richtigen Auswahl in allem an, mit Verdauung, den Schranken des Lebens, der Analyse oder mit Vernunft, Kritik und Verwertung.
Im Geburtshoroskop des Betroffenen und meist ausgelöst durch Transite findet man oft schwierige Aspekte des *Merkur* (Planeten im Zeichen Jungfrau oder im sechsten Haus).
Günstige Therapien: Amulette, Aromatherapie, Bach-Blüten, Biochemie, Diätformen (Bircher-Berner, Rohkost, Heilfasten), Darmpflege und -sanierung, Ernährungsumstellungen, Farbtherapie, Gartenarbeit als Therapie (mit Erde oder Ton arbei-

ten), Heilfasten, heilige Bäume und ihr Öl, Heilmeditation, Heilpflanzen, Heilsteine, Hildegard-Medizin, die klassische Homöopathie, konzentratives Bewusstseinstraining, Magnetfeldtherapie, Orthomolekulare Therapie, Parasitenkur, Pflanzenheilkunde, Power-Armbänder, Reiki, Ritual zum Aufladen der Erdenergie, spagyrische Heilweise, Selbstsuggestion, Tees, Traumdeutung und Wasser mit heilender Energie.

Zeigt sich eine Jungfrau-Betonung im Geburtshoroskop, dann sind vor allem analytisch bewusst machende Methoden wie die Transaktionsanalyse, mit der sich ein Familienskript umschreiben lässt, oder auch die klassische Psychotherapie von großer Wirksamkeit. Wichtig ist, dass Sie alte Anpassungsmuster erkannt haben und sie loslassen können, weil sie ihren Dienst getan haben und jetzt nur noch das Leben behindern. Eine Aufgabe der Jungfrau ist es zu lernen, den Alltag selbstbestimmt zu bewältigen und eigene Bedürfnisse anzumelden. Regelmäßige Darmsanierungen und körperliche Ausleitungskuren sind äußerst heilsam für die Gesundung von Körper, Geist und Seele!

Sie müssen lernen, loszulassen und Neues zu beginnen.

Suchen Sie sich aus den nachfolgenden Tipps die für Sie am besten geeigneten heraus!

Amulette und Talismane

Talismane geben Kraft und bringen Glück.

Amulette und Talismane sind Begleiter der Menschheit seit Anfang der Geschichte. Man vermutet, dass sie durch ihre Form über eine starke Kraft verfügen – was von zeitgenössischen Bioenergietherapeuten immer wieder bestätigt wird. Der jungfraubetonte Mensch sollte sich die *chinesische Glücksmünze* zulegen. Sie steht für Reichtum, Vermögen, Erfolg, Gesundheit und ein glückliches Leben. Dies bezieht sich auf das Prinzip des energetischen Gleichgewichts – Yin und Yang – sowie auf die Prinzipien des harmonischen Lebens nach den Mustern von Feng Shui. (Diese chinesische Harmonielehre wäre übrigens ein gutes Hobby für Sie. Wenn Sie sich dafür interessieren, lesen Sie bitte in den Büchern über »Stier«, »Krebs« oder »Waage« nach.)
Das viereckige Loch in der Münze diente dazu, sie im Handgriff eines Schwertes zu befestigen. Als mit der Zeit die Münzen zum Zahlungsmittel geworden sind, hat man sie auf kleine Messer angebracht, die ein Schwert imitieren sollten. Später wurden sie auf Bindfäden gezogen. Die Abbildung auf den Münzen ist eine Zusammensetzung von Glückssymbolen. Der Phönix und der Drache auf der Münzenrückseite symbolisieren den Kampf der gegensätzlichen Kräfte (Yin und Yang). Infolge dieser ewigen Auseinandersetzung entsteht immer etwas Wertvolles, z. B. eine Perle, deren Symbol oft zwischen den beiden Fabelwesen steht. Als solche Glücksperle sahen die Menschen in verschiedenen Perioden gerade diese Münze an (Bezugsquellen finden Sie im Anhang).

Anthroposophische Medizin

Für Sie als Jungfrau-Persönlichkeit ist es stets günstig, die Welt und das eigene Schicksal überwiegend aus geistiger Sicht zu analysieren. Kennen Sie schon die von Rudolf Steiner begründete Anthroposophie? Die auf dieser Lehre aufbauende Medizin versteht sich als geisteswissenschaftliche Erweiterung der naturwissenschaftlich begründeten Medizin. Sie sieht vier große Krankheitsformen:

Die Anthroposophie legt vier große Krankheitsbilder zugrunde: Sklerose-, Geschwulst- und entzündliche Erkrankungen sowie Lähmungen.

Skleroseerkrankungen (Verhärtungen, Ablagerungen)
Darunter versteht man z. B. arteriosklerotische Veränderungen sowie verhärtende, steinbildende Um- und Abbauvorgänge in den verschiedenen Organen. Die anthroposophische Medizin erklärt die Entstehung derartiger Krankheiten folgendermaßen: Der ätherische Leib, der Lebensleib, die Lebenskraft, ist gegenüber dem physischen Leib zu schwach geworden. Das Mineralische siegt. Auf geistiger Ebene hat sich das Ich zurückgezogen, durchdringt den Leib nicht mehr. Die Folge sind seelische Verarmung, Gedanken- und Interesselosigkeit, Gefühlskälte, Affektlabilität, Willensschwäche: Der Mensch kann sich nicht mehr für etwas erwärmen!

Geschwulsterkrankungen (gutartig und bösartig)
Hier ist die Lebenskraft des Ätherleibes in bestimmten Bereichen ungehemmt tätig. Geist und Seele greifen nicht mehr differenzierend und ordnend ein. Da Seele und Ich sich vom Lebensleib und vom physischen Leib teilweise getrennt haben, stellt man in der Frühphase der Tumoren mangelndes Krankheitsgefühl und Empfindungslosigkeit fest, später folgen erst Gewichtsverlust und Appetitlosigkeit. Die gestalten-

de Kraft des Ich, die wärmenden Formkräfte des Geistes vermögen die außer Kontrolle geratenen psychischen und physischen Kräfte nicht mehr zu bändigen. Krebs ist eine kalte Krankheit und wir sollten sie in einen Wärmemantel hüllen.

Entzündliche Erkrankungen

Diese Krankheiten entstehen vor allem, wenn der Seelenleib zu sehr in den physischen Leib und den Lebensleib eingreift. Hier überwiegt das seelische Erleben, das Empfinden der Krankheit und der Schmerzen. Erst in der eitrigen oder entzündlichen Phase steigert die Ich-Organisation die körperliche Abwehr und aktiviert die Regeneration.

Die anthroposophische Medizin arbeitet zusätzlich auch mit künstlerischen Therapien und hat damit bemerkenswerte Erfolge erzielt.

Lähmungen

Lähmungen können auf zweierlei Art entstehen: entweder durch Läsion des Nervs, der dann dem Willen nicht mehr folgen oder eine Bewegung in das Denken zurückmelden kann, oder durch eine Blockade des Stoffwechsels im Muskel, das heißt durch eine Lähmung der Willensenergie. Die Ich-Organisation sendet Willensimpulse an den Bewegungsapparat, Gedanken erzeugen Bewegung, Bewegung erzeugt Gedanken. Ist diese energetische Rückkoppelung gestört, tritt Lähmung ein.

Laut Rudolf Steiner besteht der Mensch aus dem physischen Leib, dem Ätherleib, dem Astralleib und dem Ich. Diese vier Wesensglieder wirken im dreigliedrigen System: dem *Denken*, dem *Fühlen* und dem *Wollen*. Anthroposophische Heilmittel werden ganz besonders aufbereitet und regen die Grundvorgänge des menschlichen Organismus an. Sie richten sich nicht gegen bestimmte Erkrankungen, sondern aktivieren das »gesunde Urbild«. Rudolf Steiner hat bereits vor vielen Jahren sehr erfolgreich die *Mistel* bei Krebserkrankungen eingesetzt.

Aromatherapie

Ätherische Öle werden in der menschlichen Nase von über 100 Millionen Riechzellen aufgenommen und lösen Nervenimpulse aus. Unser Riechzentrum liegt im Bereich des limbischen Systems (Hippocampus), der Zentralstelle des endokrinen, vegetativen und psychischen Regulationssystems. Dieses System steuert sowohl Reize von innen als auch von außen, so z. B. unser emotionales Verhalten, unsere Gefühle und unser Gedächtnis. Das limbische System regelt darüber hinaus die Atmung und die Herztätigkeit, den Hormonhaushalt, die Kreativität und den Lebenswillen.

Düfte steuern unsere Handlungen, Gefühle und unser Gedächtnis.

Die ätherischen Öle gewinnt man vorwiegend durch Wasserdampfdestillation, aber auch durch Extraktion, durch Enfleurage (bei Jasmin- und Rosenblüten) oder durch Pressung (z. B. bei Orangen-, Mandarinen-, Zitronen- und Grapefruitöl), doch bei allen Methoden empfiehlt sich besonders das 100-prozentige echte und natürliche Aromaöl, das in der Wirkung jeder chemischen Substanz vorzuziehen ist.

Ätherische Öle sind hochkarätige Konzentrationen pflanzlicher Wirkstoffe und sollten deshalb sparsam verwendet werden. In der *Duftlampe* gibt man einige Tropfen der Essenz in die mit Wasser gefüllte Schale und entzündet die darunter befindliche Kerze. Bei der *Inhalation* nach der alten Schüssel-und-Tuch-Methode träufelt man einige Tropfen in das heiße Wasser und aktiviert die Wirkung der Aromaöle über die Atemwege. Aber auch eine mit ätherischen Ölen getränkte *Kompresse* kann direkt auf die erkrankte Körperstelle aufgelegt werden. Zudem empfiehlt sich eine Massage oder die Zugabe der Essenzen in *Bäder*. Die Dosierung der oralen Einnahme sollte nur von einem erfahrenen Therapeuten bestimmt werden!

Ätherische Öle gelten als unterstützendes Heilmittel bei allen Arten von Erkrankungen, doch sie wirken auch sehr vorteilhaft bei psychosomatischen Beschwerden.

Die Schwachstellen eines Jungfrau-Menschen sind die Bauchhöhle, der Dünndarm, das Zwerchfell, die Milz, die Bauchspeicheldrüse und der obere Teil des Dickdarms sowie ein Teil der Leber. Krankheiten sind meist durch unzulängliche Nahrungsaufnahme und -verwertung, durch Enzymmangel, Durchfall, Ausscheidungsstörungen, Bauchfellentzündung, Diabetes, Unterernährung, Dickdarmentzündung, Koliken und Migräne verursacht.

Der Duft der Bergamotte heitert die Jungfrau auf.

Eine unterdrückte Jungfrau besitzt häufig Plattfüße, neigt zu leichten Vergiftungen und Arzneimittelüberempfindlichkeit. Sie braucht insbesondere die stabilisierenden Düfte des Erdelements. Einer ausgeglichenen Jungfrau entsprechen vor allem die waldig-fruchtigen und frischen Blütendüfte. Sie tendiert bisweilen auch zu schwerblütig-aphrodisierenden Aromen. Eine übertriebene Jungfrau benötigt dagegen die Luft- und Wasserdüfte, die sie leichter und empfänglicher machen können.

Der süßliche, zitronenartige Duft der *Bergamotte* bringt sehr viel Sonne in Ihr Gemüt, er heitert Sie auf und hilft bei nervöser Verdauung oder bei Krämpfen. Er befreit Sie aus seelischen Tiefen, nervösen Anspannungen, Ängsten und Depressionen. Dieser Duft schenkt Ihnen ein Gefühl von Neubeginn und steigert Ihre Lebensfreude. Er hat aber auch als Badezusatz antiseptische und krampflösende Eigenschaften. In der Duftlampe wehrt er im Sommer sogar Insekten ab.

Lavendel kräftigt und fördert die Stärken einer Jungfrau: Klarheit und Präzision, doch er hilft auch bei Vergiftungen, Durchfall, gegen Bakterien und bei Koliken. Dieser blumig-frische Duft dringt sehr beruhigend in Ihr Nervensystem ein und löst stressbedingte Spannungen und durch Überanstrengung hervorgerufene Verkrampfungen im Organismus und in der Seele. Lavendel fördert auch das Einschlafen am Abend und wehrt Albträume ab. Er aktiviert depressive Menschen und befreit von Melancholie und Angst. Er wirkt wie ein Antibiotikum gegen alle Arten von Infektionen. In ein Sitzbad geträufelt hilft Lavendel sehr gut bei chronischen Blasenentzündungen (Dauer der Anwendung: 10 Minuten). Aber auch bei rheumatischen Erkrankungen, Migräne und Gliederschmerzen haben sich sowohl der Duft als auch das Öl als Badezusatz bestens bewährt.

Ein Lavendel-Kissen kann Albträume vertreiben.

Die *Minze* stimuliert Ihre Verdauung und wirkt schmerzlindernd bei Kopfschmerzen und Migräne. Die Pfefferminze hat darüber hinaus sehr entspannende Wirkung bei krampfartigen Leiden. Bei Erkältungskrankheiten ist das Einreiben von Brust und Rücken mit Minzöl sehr heilsam. Die Pfefferminze lindert ebenso wetterbedingte Kopfschmerzen und Migräne. Sie verleiht ein höheres Maß an Schwung und Lebensfreude.

Der beruhigende, holzige Duft von *Vetiver* unterstützt Ihre weiblichen Seelenanteile, löst nervöse und verkrampfte Verspannungen in Geist und Körper, wirkt harmonisierend auf das Nervensystem und hilft bei Dickdarmentzündung. Vetiver reguliert auch die Hormonproduktion im endokrinen System. Eine ausgezeichnete Essenz für die Duftlampe, um den Feierabend so richtig zu genießen.

Aufladen der eigenen Grundenergie

Laden Sie regelmäßig Ihr Energiefeld auf, sonst fühlen Sie sich schnell kraftlos.

Unser Sonnenzeichen und der Aszendent verraten die grundlegende Vitalität eines Menschen. Sie als *Erdzeichen* sind vor allem in der materiellen Welt verwurzelt. Diese reale Welt, der Alltag und die Belange des Überlebens bilden ihre grundlegende Energie. Ihre instinktive Ausrichtung auf diese materielle Welt ermöglicht es Ihnen, das Leben durch Nutzbarmachung und Beherrschung natürlicher Prozesse zu bewältigen. Jeder Mensch muss sein grundlegendes Energiefeld »nähren« und aufladen, um sich wohl zu fühlen. Das Element unseres Sonnenzeichens und des Aszendenten ist sozusagen der »Brennstoff«, den wir zur speziellen Bewältigung des Lebens brauchen. Er ist die Quelle unserer Vitalität, die Tankstelle unserer Kraft, die unsere Lebenskraft ständig erneuert.

Erdzeichen erhalten auf ganz reale Art ihre Energie von der *Erde* selbst. Deshalb sollten Sie von Zeit zu Zeit förmlich in der Erde wühlen, damit Sie der Natur nahe kommen. Ob Sie nun einen Garten besitzen, Blumen oder Bäume anpflanzen oder Ihre Wohnung mit vielen Grünpflanzen beleben, die umgetopft werden müssen, hängt ganz von Ihnen selbst ab. Wer weder Garten noch Pflanzen besitzt (für *Erdzeichen* nicht empfehlenswert), kann sich auch bei der Grabpflege energetisch aufladen oder alternativ einen Töpferkurs belegen.

Ebenfalls positiv für alle Erdzeichen ist das Gehen auf der Erde. Es hat wenig Sinn, mit Stöckelschuhen einen Schaufensterbummel zu unternehmen. Damit laden Sie Ihre Grundenergien keinesfalls auf. Sie müssen raus in die Natur. Wandern Sie über Wiesen, durch Wälder, an Flüssen und Bächen entlang, und regenerieren Sie Ihre Kräfte im Grünen und in der frischen Luft.

Ein Ungleichgewicht der Erdenergie führt dazu, dass wir keinen natürlichen Kontakt zu unserem Körper mehr haben. Dann fehlt es uns auch psychisch an Standfestigkeit und Verwurzelung, und wir tun uns schwer darin, eine befriedigende Lebensaufgabe zu finden. In einem solchen Fall wäre es therapeutisch sinnvoll, sich einen regelmäßigen Zeitplan einzurichten, mit festen Zeiten für gesundes Essen in entspannter Atmosphäre (siehe »Kräuterheilkunde« oder »Darmpflege«), für mäßig anstrengende Körperübungen (siehe »Fitness«) und mit ausreichenden Ruhezeiten.

Die *Erdgeister* heißen übrigens *Gnome*: Sie können nur durch heitere Großzügigkeit kontrolliert werden. Heitere Großzügigkeit ist nicht nur eine Eigenschaft, die man bei Erdzeichen oft findet, sondern ist sicher ein Gewinn für jeden. Die größte Stärke und Ausstrahlung der Erdzeichen kommt erst dann richtig zum Vorschein, wenn sie diese heitere Großzügigkeit in ihr Wesen integriert haben!

Erdzeichen erhalten ihre Energie von der Erde selbst. Sie sollten deshalb so oft wie möglich mit Natur in Berührung kommen.

Ayurveda – die Wissenschaft vom Leben

Die ayurvedische Welt wird von fünf Prinzipien gestaltet.

Jede Therapie, die mit natürlichen Wirkstoffen arbeitet, ist segensreich für die Jungfrau. Ayurveda ist die älteste Lehre der Menschheit von Gesundheit, Krankheit und Heilung. Seit mindestens 3000 Jahren wird die »Wissenschaft vom Leben« nachweislich praktiziert. Ihre Anfänge gehen sogar bis in vorgeschichtliche Mythen zurück. Bereits im 2. Jahrtausend vor Christus finden sich in den heiligen Schriften Indiens Hinweise auf Krankheiten und Heilpflanzen. Die Blütezeit des Ayurveda begann mit dem Aufkommen des Buddhismus im 6. Jahrhundert vor Christus.

Die ayurvedische Welt wird von fünf Prinzipien oder Elementen gestaltet: Äther – Wind – Feuer – Wasser – Erde. Alle leiblichen und geistigen Körperfunktionen werden dagegen von drei Lebenskräften oder Lebenssäften – *Vata*, *Pitta* und *Kapha*, den drei Doshas – gesteuert.

- *Vata* ist entstanden aus Äther (Raum) und Luft, ist beweglich, schnell, leicht, kalt, subtil, rau, trocken. Vata kontrolliert aber auch die beiden anderen Doshas.
- *Pitta* ist entstanden aus Feuer, ist heiß, scharf, leicht, sauer, durchdringend und etwas ölig.
- *Kapha* ist entstanden aus Wasser und Erde, ist schwer, ölig, langsam, kalt, stabil, glatt, fest und träge.

Dieses umfassende Gesundheitssystem geht weit über reine Behandlung der Krankheiten hinaus. Neun Jahre dauert das Studium eines Ayurveda-Arztes, der seinen Patienten dann viele vorbeugende Empfehlungen für ihr tägliches Leben liefert. Zur Therapie setzt Ayurveda ausschließlich natürliche

Heilmethoden ein. Die Pulsdiagnose gibt Aufschluss über die vorliegenden Schwächen oder Erkrankungen.
Zur Erläuterung folgen hier nun ein paar Behandlungsbeispiele aus der Ayurveda-Kur »Pancha-Karma«: Pancha-Karma heißt wörtlich übersetzt »Fünf Handlungen«. Systematisch abgestimmte Reinigungsverfahren lösen Stoffwechselabbauprodukte und umweltbedingte Toxine sanft aus den Geweben und schleusen sie aus dem Organismus. Vier Masseure bearbeiten über eine Stunde den Körper des Patienten in sechs verschiedenen Körperstellungen mit speziellen Pflanzenölen.
Die Behandlung bzw. Reinigungskur dauert acht bis zehn Tage. Während dieser Zeit hält der Patient eine fettfreie Diät. Zur inneren Reinigung verordnet man Fett- und Schwitzkuren, künstliches Erbrechen, Einlauf oder Abführmittel. Diät, Leben im Einklang mit dem eigenen Konstitutionstyp, die Kräuterheilkunde, Gesundheit durch Yoga, geistige Entspannungstechniken und positives Verhalten gehören zur Therapie. Für Sie als Jungfrau empfiehlt sich auch die ayurvedische Küche (Buchtipps und Kontaktadressen finden Sie im Anhang).

Systematisch abgestimmte Reinigungsverfahren entgiften den Körper.

Bach-Blüten

Bach-Blüten bringen Sie Ihrer Seele näher.

Bach-Blüten-Essenzen sind in England und anderen angelsächsischen Ländern seit ca. 50 Jahren in Gebrauch. Sie gelten als feinstoffliche Heilmethode und wurden von dem englischen Arzt Dr. Edward Bach in den 30er-Jahren des vergangenen Jahrhunderts entwickelt.
Edward Bach schreibt: »Krankheit ist weder Grausamkeit noch Strafe, sondern einzig und allein ein Korrektiv, ein Werkzeug, dessen sich unsere Seele bedient, um uns auf unsere eigenen Fehler hinzuweisen, um uns vor größeren Irrtümern zurückzuhalten, um uns daran zu hindern, noch mehr Schaden anzurichten, und um uns auf den Weg der Wahrheit und des Lichts zurückzubringen, von dem wir nie hätten abkommen sollen.«
Bach-Blüten sind homöopathisch aufbereitet und lösen energetische Schwingungen aus. Die Essenzen werden noch heute nach Originalmethode aus den Blüten wild wachsender Pflanzen und Bäume gewonnen. Nach astromedizinischer Zuordnung gilt für die Jungfrau an erster Rangstelle das Mittel *Crap Apple*, danach folgen *White Chestnut, Larch, Gorse* oder *Gentian*. Mechthild Scheffer beschreibt diese Mittel wie folgt:

Crap Apple – Man fühlt sich innerlich oder äußerlich beschmutzt, unrein oder infiziert. Die Reinigungsblüte für Detailkrämer!

- Besitzen Sie ein ausgeprägtes Gefühl für »seelische Hygiene«?
- Verabscheuen Sie sich, weil Sie etwas getan haben, das nicht im Einklang mit Ihrer wahren inneren Natur steht?
- Haben Sie das Gefühl, sich von unreinen Gedanken rein waschen zu müssen?

- Fühlen Sie sich sündig oder befleckt?
- Überbewerten Sie oft Einzelheiten und verlieren Sie dann dabei den roten Faden einer Sache?
- Bleiben Sie oft im Detail stecken oder lassen Sie sich von Kleinigkeiten irritieren?
- Sind Sie eine musterhafte Hausfrau oder von pedantischer Genauigkeit in der Arbeit?
- Muss immer alles wie aus dem Ei gepellt aussehen?
- Sind Sie empfindlich gegen Unordnung in der Öffentlichkeit und im privaten Lebensbereich?
- Ekeln Sie sich vor Hautausschlägen, Schweißfüßen, Pickeln, Warzen und Ähnlichem?
- Sind Sie innerlich allergisch gegen Schmutz, Insekten, Bakterien und Ähnliches?
- Haben Sie ein starkes Reinigungsbedürfnis bis hin zum Waschzwang?
- Ekeln Sie sich vor möglicherweise verdorbenen Speisen, vor unsauberen Toiletten, falschen Medikamenten, vor Umweltverschmutzung?
- Möchten Sie auch kleinere Krankheitserscheinungen sofort loswerden, und sind Sie sehr entmutigt, wenn es nicht klappt?

Mit dem Fragenkatalog finden Sie Ihr Heilmittel.

Haben Sie einige dieser Fragen mit Ja beantwortet, dann könnte Crap Apple eines Ihrer momentanen Mittel sein!

White Chestnut – Bestimmte Gedanken kreisen unaufhörlich im Kopf, man wird sie nicht wieder los, ständig führt man innere Selbstgespräche und Dialoge.

- Drängen sich unerwünschte Gedanken oder Bilder des Öfteren in Ihr Bewusstsein und können Sie diese nicht abstellen?

- Nagt häufig eine Sorge oder ein Ereignis an Ihrem Gemüt?
- Denken Sie wieder und wieder, was Sie bei einer bestimmten Gelegenheit hätten sagen sollen?
- Treten Sie gedanklich ereignislos auf der Stelle oder fühlen Sie sich öfters wie ein Hamster im Tretrad?
- Bearbeiten Sie innerlich immer wieder die gleichen Probleme, ohne zu einer Lösung zu kommen?
- Ist Ihr innerer Denkapparat überaktiv und daher im Alltag oft unkonzentriert, oder hören Sie bisweilen nicht mehr, dass Sie angesprochen werden?
- Sind Sie wegen Ihrer quälenden Gedanken häufig schlaflos, vor allem in den frühen Morgenstunden?
- Leiden Sie wegen mentaler Spannung unter Zähneknirschen, mahlen Sie mit dem Unterkiefer oder belastet Sie ein chronisches Spannungsgefühl um Stirn und Augen?

Die Fragen, die Sie mit Ja beantworten, geben einen wichtigen Hinweis auf Ihr Heilmittel.

Haben Sie diese Fragen des Öfteren mit Ja beantwortet, dann könnte White Chestnut eines Ihrer aktuellen Mittel sein!

Larch – Minderwertigkeitskomplexe, Erwartung von Fehlschlägen durch Mangel an Selbstvertrauen.

- Fühlen Sie sich oft anderen Menschen sofort unterlegen?
- Erwarten Sie viel häufiger Fehlschläge als Erfolge?
- Sind Sie des Öfteren fest davon überzeugt, dass Sie etwas nicht schaffen können, und versuchen es dann erst gar nicht?
- Zögern Sie oft oder sind Sie eher passiv durch Mangel an Selbstvertrauen?
- Schieben Sie bisweilen eine Krankheit vor, um eine Sache nicht in Angriff nehmen zu müssen?
- Leben Sie häufig eine falsche Bescheidenheit aus Mangel an Selbstvertrauen?
- Fühlen Sie sich oft nutzlos oder impotent?

Wenn Sie diese Fragen des Öfteren mit Ja beantwortet haben, dann dürfte Larch eines Ihrer momentanen Mittel sein!

Wo erhalte ich die Bach-Blüten?
Vielleicht kennen Sie einen guten, auf dem Gebiet der Bach-Blüten-Therapie erfahrenen Heilpraktiker oder Homöopathen, der die für Sie passende Mixtur ermittelt oder Ihnen das fertige Fläschchen entweder gleich mitgibt oder Ihnen ein Rezept für die Apotheke ausstellt. Eine fachlich gute Beratung durch einen geeigneten Therapeuten empfiehlt sich vor allem dann, wenn Sie selbst noch nie in Kontakt mit den Bach-Blüten gekommen sind.

Ein erfahrener Heilpraktiker ermittelt für Sie die geeignete Mixtur.

Sind Sie mittlerweile schon ein kleiner »Profi« geworden und beherrschen die Eigendiagnose, dann können Sie sich nach sorgfältiger Auswahl die entsprechende Mischung in fast allen Apotheken zusammenstellen lassen. Man kann bis zu sechs verschiedene Blütenessenzen miteinander kombinieren, doch meine Erfahrung zeigt, dass die Wirkung schneller und stärker eintritt, je weniger Blütenessenzen gleichzeitig eingenommen wurden (maximal vier bis fünf). Daueranwender besorgen sich die Konzentratfläschchen direkt beim Bach-Center und mischen sich die Heilmittel jeweils nach Bedarf selbst zusammen.

Biochemie

Schüßler-Salze lösen krank machende Blockaden im Körper.

»Das Wesen der Krankheit ist die pathogen veränderte Zelle«, sagt Virchow. Besserung oder Heilung ist nur möglich, wenn die den Zellen fehlenden Stoffe direkt (durch den Blutstrom) zugeführt werden oder wenn eine Entgiftung der Zellen durch gesundes Blut geschehen kann. Unter Biochemie versteht man im Allgemeinen die Lehre von der chemischen Zusammensetzung der Lebewesen und den chemischen Vorgängen in den Lebewesen sowie im Besonderen die Lehre des Oldenburger Arztes Wilhelm Heinrich Schüßler. Schüßler verwendet in seinem Heilsystem nur solche Mineralien, die im Körper, im Blut und in den Geweben in chemischer Bildung vorhanden sind.

Astromedizinisch werden der Jungfrau die biochemischen Mittel *Natrium muriaticum (Natr. mur.) = Chlornatrium-Kochsalz* und *Kalium chloratum (Kal. chlor.) = Chlorkalium* zugeordnet.

Natrium muriaticum bildet fast die Hälfte aller im Blut vorkommenden Salze. Es dient als Regulator des Wassergehalts unseres Körpers, da es die Fähigkeit hat, Wasser anzuziehen. Es ist auch wichtig für die Verdauung und für den Magen. Besonders hilfreich ist es bei zu trockenen oder zu feuchten Schleimhäuten oder wenn das Blut verwässert ist. Meist zeigt sich Letzteres durch bleiches oder gedunsenes Aussehen der davon Betroffenen. Diese Menschen klagen über Mattigkeit, Schläfrigkeit und frösteln leicht. Ist im Blut zu wenig Kochsalz enthalten, sind auch das Bindegewebe, die Muskel- und Sehnensubstanz verwässert und von lockerem Gefüge.

Das Mittel ist deshalb anzuwenden bei Blutarmut, Bleichsucht, Speichel- und Tränenfluss, Verlust des Geruchs- und

Geschmackssinns, aber auch bei Verstopfung oder Ausschlag mit Wasserbläschen.

Kalium chloratum ist in all unseren Zellen enthalten und das Hauptmittel bei Entzündungen des zweiten Stadiums. Es ist bei allen Katarrhen anzuwenden, bei denen sich ein Belag auf der Zunge, auf den Mandeln oder in der Rachenhöhle gebildet hat, bei Diphtherie, Lungen- und Rippenfellentzündung, Husten und bei Hautausschlägen, die eine gelbliche Absonderung zeigen. Es ist in allen Fällen mit Erfolg anzuwenden, wo die Homöopathen *Sulfur* einsetzen.

Kalium chloratum hilft bei Entzündungen.

Darmpflege

Schon in der Antike haben die Menschen erkannt: »Der Tod kommt aus dem Darm.« Eine amerikanische Studie belegt: Auslösefaktor Nummer eins für Krebs und andere schwere Erkrankungen ist die Ernährung. Unser Verdauungstrakt ist ein großes seelisches Organ. In der Astrologie wird dieser Bereich vor allem der Jungfrau zugeordnet, das heißt, wenn Sie unter diesem Tierkreiszeichen geboren wurden oder wenn Sie Ihren Aszendenten im Jungfrau-Zeichen haben, dann gehört die Pflege des Darms zu Ihren besonderen Aufgaben, denn was Sie seelisch nicht so recht verdauen können, wird im Darm für ein Ungleichgewicht sorgen.

Die Jungfrau neigt dazu, Probleme hinunterzuschlucken – der Körper reagiert darauf.

Die Gesellschaft für Biologische Krebsabwehr (die Adresse finden Sie im Anhang unter »Krebsabwehr«) hat einen kurz gefassten Leitfaden zur Darmpflege herausgegeben.

Sieben Regeln für Ihre gesunde Darmflora

1. Essen Sie so wenig weißen Zucker wie möglich. Er ist in Limonaden, gesüßten Getränken, Konfitüren, Marmeladen, Süßigkeiten, Pralinen, Speiseeis, Schokolade, Gebäck und Konditoreiwaren versteckt. Er führt Ihrem Körper nur unnötig leere Kalorien zu. Gewöhnen Sie sich an den Verzehr von ganz wenig Zucker.
2. Bevorzugen Sie Getreideprodukte aus dem vollen Korn. Vollkornprodukte ersetzen in idealer Weise die weißen Auszugsmehlsorten und liefern wichtige Nährstoffe, Spurenelemente, Vitamine und Mineralien.
3. Halten Sie den Fettverzehr in Grenzen. Achten Sie auch auf versteckte Fette in Fleisch- und Wurstwaren sowie in Fertiggerichten.

4. Essen Sie täglich hochwertige Eiweißstoffe: Sie finden diese in Sauermilchprodukten, Quark, fettarmen Käsesorten, in Sojaprodukten, Knollengemüsen und Vollgetreideprodukten.
5. Essen Sie gewürzte Speisen: Sie regen damit Ihren Appetit an und können teilweise auf die Verwendung von zu viel Salz in der Nahrung verzichten. Kräutergewürze enthalten außerdem sehr verdauungsfördernde Stoffe.
6. Nehmen Sie nur so viele Kalorien zu sich, wie Sie täglich verbrauchen. Wenn Sie sich nur wenig bewegen, benötigen Sie auch weniger »Brennstoffe«. Essen Sie lieber täglich mehrmals kleine Mahlzeiten als die üblichen drei großen Mahlzeiten. Vitalität, geistige Frische und körperliche Aktivität werden sowohl durch Überernährung als auch durch Hungerernährung geschädigt.
7. Essen Sie ausreichende Mengen an Naturfaserstoffen. Rühren Sie sich vor den kleinen Mahlzeiten einen Tee- oder Esslöffel voll Weizenkleie oder ähnlichen Faserstoffen an und trinken Sie dazu reichlich Tee, Mineralwasser oder mit Wasser verdünnte Gemüsesäfte.

Heilerde-Kuren sind ideal zur Darmsanierung.

Probieren Sie zur Darmsanierung auch mal eine *Heilerde*-Kur. In der Apotheke gibt es sowohl Heilerde-Pulver zum Einrühren in warmes Wasser als auch Heilerde-Tabletten, denn nicht alle können Erdewasser trinken. Morgens auf nüchternen Magen und abends eingenommen wirkt die Heilerde wahre Wunder in Ihrem Darm. Mindestens einige Tage sollten Sie die Kur durchhalten.

Noch ein Tipp: Wer seinen trägen Darm auf Touren bringen will, sollte eine Woche lang täglich einen Teelöffel Natron (gibt es preiswert in der Apotheke) in lauwarmes Wasser aufgelöst trinken. Dieses uralte Hausmittel ist wirklich hilfreich!

Diät

Astrologisch ist der Jungfrau-Persönlichkeit eine kalorienbewusste Schonkost zugeordnet, aber auch die Haysche Trennkost passt gut zu ihr oder die Waerlandt-Diät. Ideal für eine echte Jungfrau sind Rohkost und Körner.

Eine Rohkost-Diät wirkt bei Ihnen besonders gut.

Diese kleine Diät können Sie wahlweise ein bis drei Tage pro Woche durchführen. Der Rohkostteller sollte aus drei mittelgroßen frischen Karotten bestehen, einem halben Bund klein geschnittener Radieschen, einer halben Salatgurke, einer Fleischtomate und einer roten Paprikaschote. Dazu einen Kräuterdip: Drei Esslöffel Magerquark mit fettarmer Milch glatt rühren, mit Kräutersalz, Brunnenkresse und Gewürzen abschmecken oder zusätzlich noch frische Kräuter dazugeben.
Aber auch die *Molke*-Trinkkur tut Ihnen gut. Wer kann, sollte drei Wochen lang täglich 1–1,5 Liter Molke in kleinen Schlucken trinken. Dazu gibt es noch Kräutertees, Gemüsesäfte und Mineralwasser.

Farbtherapie

Sehr gut stehen der Jungfrau-Persönlichkeit alle erdigen Farbtöne wie Sand, Hellbraun, Taupe, Beige, Grau oder Lindgrün. Tragen Sie des Öfteren ein helles *Grün,* dann symbolisiert diese Farbe die Vegetation, die Natur und das Wachstum. Sie erinnert an den Frühling und an Frische und Neubeginn. Grün ist die Farbe Ihrer Hoffnungen und Ihrer Empfindungswelt. Grün ist Wachstum, Naturverbundenheit und Unschuld.

Erdfarben stehen Jungfrauen am besten.

In der Farbtherapie ist Grün sehr gut bei Herzschmerzen einsetzbar, bei Herzanfällen, hohem Blutdruck, einer zu negativen Lebenseinstellung, bei Ermüdungen aller Art, bei Atemproblemen, Anspannungen, Schlafstörungen, Ärger, Krebs und Paranoia.

Psychisch gesehen wirkt Grün beruhigend und erfrischend, es stärkt Ihre Freundlichkeit und Naturverbundenheit, Ihre Hoffnung, Ihre Willenskraft, Ihre Selbstsicherheit und innere Zufriedenheit!

Tragen Sie des Öfteren ein helles *Braun,* dann ist dies immer die symbolische Farbe der Erde. Dieser Farbton ist warm, ruhig und eher mütterlich-weiblich. Braun ist eine Mischung aus Schwarz und Orange – bei hellen Brauntönen wie Taupe oder Beige mischt sich noch Weiß hinzu. Diese Farbe zeigt in milder Form Ihre Erdverbundenheit an, Ihre Schlichtheit, aber auch Unverwüstlichkeit (die leise im Hintergrund wirkt)!

Doch auch Ihr Aszendent – die Beschreibung und eine Tabelle zum Errechnen des Aszendenten finden Sie im Anhang – ist ein wichtiger Punkt, der für Sie günstige Farbvariationen anzeigt:

- *Aszendent Widder* kann recht feurige Farben tragen, z. B. ein leuchtendes Hellrot oder ein Blutrot.

- *Aszendent Stier* mag Erdfarben wie Braun, Lehmfarben, Taupe, Khaki, Terrakotta, Korallenrot oder ein saftiges Grün.
- *Aszendent Zwillinge* liebt luftige Farbtöne wie Postgelb, Hellgelb, Hellgrau oder Himmelblau.
- *Aszendent Krebs* bevorzugt eher die weichen Pastelltöne, z. B. Rosa, Lila oder Violett.
- *Aszendent Löwe* schätzt kräftige Farben, ein klares Weiß, einen Goldton oder ein kräftiges Orange.
- *Aszendent Jungfrau* tendiert wiederum zu eher gedeckten Farben wie Sand, Hellbraun, Taupe, Beige, Grau oder Lindgrün.
- *Aszendent Waage* braucht luftige, harmonische Farbtöne, z. B. ein helles Blau, ein mildes Grau, Taubenblau, Blaugrau, Blaugrün, Rauchgrau.
- *Aszendent Skorpion* liebt etwas gespannte Farbmischungen, z. B. Granatrot, Giftgrün, Schwarz-Weiß, Blau-Rot oder Lila-Violett.
- *Aszendent Schütze* schätzt leuchtende Farben wie Kardinalsrot, Königsblau oder ein tiefes Gelb.
- *Aszendent Steinbock* bevorzugt gedeckte oder dunkle Töne wie Schwarz, Dunkelblau, Dunkelgrün, Anthrazit oder Bleifarben.
- *Aszendent Wassermann* kann metallische Farben gut tragen, z. B. Eisblau, Eisblaugrün, Blitzlichtfarben oder Stoffe, die metallisch wirken oder ein bisschen leuchten.
- *Aszendent Fische* liebt fließende Farben wie Flussgrün, Algengrün, Rosa, helles Lila sowie Mischtöne (Batik).

Meist trägt man die Farbtöne des Aszendenten, aber auch die Zeichen in Mond und Venus geben Hinweise auf den Farbgeschmack.

Schon im legendären Atlantis wurden die Kranken mit Farben behandelt. Man verhängte die Fenster des Krankenzimmers mit den Heilfarben, gab den Kranken Kleidung in dieser Farbe und bestrahlte sie zusätzlich damit.

Farben gehören aber auch in der Behandlung von Krankheiten zu den modernsten Therapieverfahren. Farbimpulse sind am erfolgreichsten, wenn sie auf die jeweiligen Akupunkturpunkte oder Energiezentren gerichtet werden.

Wenn Farbimpulse auf Akupunkturpunkte oder Energiezentren gerichtet werden, sind sie am wirksamsten.

Während die Farb- bzw. Lichttherapie zumeist das sichtbare Licht als Heilungsfaktor einsetzt, nutzt die Phototherapie sichtbares und nicht sichtbares Licht zur Behandlung von Tumorpatienten. Hier wird mit UV-Licht oberhalb 340 nm (UV-A1) bestrahlt und man kann Erfolge nachweisen: Die Zahl der T-Helfer-Zellen steigt, das Immunsystem des Kranken reagiert rascher!

Fitness

Jungfrauen sind auch beim Sport oftmals die Überraschungssieger.

Jungfrau-Geborene werden gerne und oft unterschätzt. Das behauptet die Astrologie. Selbst Astrologiegegner müssen nach sorgfältigem Studium nüchterner Statistiken irgendwann feststellen, dass die Astrologie doch kein uralter Aberglaube ist, sondern viel eher ein Instrumentarium, das altes Wissen anzeigt. Eine astrologische Statistik beweist übrigens, dass Jungfrauen und Steinböcke am sichersten ihr Auto steuern – bei Widdern kracht's am häufigsten.
Aber wie sieht es bei Sport und Freizeitbeschäftigungen aus? Die meisten Jungfrauen halten sich fit, ohne viel Wind darum zu machen. Sie wissen einfach, dass ihr Körper etwas Pflege und Bewegung braucht. Jungfrauen sind auch im Sport die typischen Überraschungssieger, denen es keiner zugetraut hat. Plötzlich machen andere schlapp – und da wandern sie lächelnd weiter. Unter diesem Tierkreiszeichen gibt es hervorragende Trainer und Taktiker. Jungfrau-Geborene lieben Mannschaftssportarten, denn sie stellen sich gerne in der hinteren Reihe an, während sich andere (vorwiegend Feuerzeichen) vorne wie ein Gockel am Mist schreiend und gestikulierend präsentieren. Schauen Sie doch nur mal den Franz Beckenbauer (geboren am 11.9.1945) an. Anfangs dachte wohl keiner, was noch so alles im »Franzl« steckt. Taktik, Intelligenz, Flexibilität und Ballfertigkeit zeichnet auch die Jungfrauen Sammer, Möller, Zorc und Riedle aus.
Aber auch im sportlichen Alleingang ist die Jungfrau sehr geschickt und geduldig genug, um selbst komplizierte Sportarten zu erlernen. Im Eiskunstlauf, im Dressurreiten und als Schachprofi ist sie öfters in der Statistik zu finden.
Selbst einige schlechte Gewohnheiten kann sich die Jungfrau

besser leisten als andere, denn sie gleicht das irgendwann wieder aus. Und das gelingt dann am besten mit Darmsanierung und den anderen Tipps aus diesem Buch. Allerdings reagiert sie auf seelische oder psychische Belastungen schnell mit psychosomatischen Beschwerden. Da ist die klassische Gesprächstherapie heilsam, aber auch Yoga und Gartenarbeit halten Körper, Geist und Seele gesund. Wer von längst überholten Familienstrukturen immer noch (un)bewusst geleitet wird, sollte mal eine Familienaufstellung ins Auge fassen. Beim »Brennpunkt Neue Erde«, Margit Hoffmann, können Sie Empfehlungen für gute Familienaufstellungen in Ihrer Nähe erhalten. (Die Adresse finden Sie im Anhang unter »Familienaufstellung«.)

Entspannen Sie doch einfach mal, indem Sie eine Radtour machen.

Da Jungfrauen meist viel zu viel arbeiten, rate ich Ihnen als Fitnessübung öfters zu einem schönen und erholsamen Urlaub (auch mal ganz ohne sportliche Höchstleistungen). Und natürlich nicht vergessen: Radtouren in die heimischen Biergärten tun Ihrem Körper, Ihrer Seele und Ihrem Geist ebenfalls sehr gut!

Heilfasten

Das Fasten gehört zu den ältesten Heilverfahren.

Viele Jungfrau-Geborene haben in ihrem Leben schon mehrere Diäten ausprobiert, doch diesen mühseligen Aufwand hätten sie sich sparen können. Zur Jungfrau passt am besten eine Fastenkur mit Meditationen – das so genannte *Heilfasten*. Beim Heilfasten geht es vor allem um Reinigung des ganzen Körpers von innen her – insbesondere des Darmtraktes. Aber das Fasten wirkt nicht nur auf den Körper, sondern auch auf Geist und Seele. Alte Gedanken und Gefühle können dabei losgelassen werden, man träumt mehr und beschäftigt sich intensiver mit sich selbst.

Bei der zum Fasten gehörenden Meditation (siehe auch den Abschnitt »Wohlfühltage«) sollen Verstand und Gefühl in Einklang gebracht und neue Wege gefunden werden, um den Alltag und das Essen bewusst zu erleben. Im Allgemeinen gilt, dass alle Menschen, die sich gesund fühlen, auch fasten dürfen. Ausgenommen sind Schwangere und Stillende sowie Menschen, die nervlich sehr labil sind. Wer in seinem Beruf stark gefordert wird, sollte während des Arbeitsalltags genauso wenig fasten wie Menschen, die regelmäßig Medikamente einnehmen müssen.

Leiden Sie unter Darmpilzen (Candida albicans), dann schadet Heilfasten mehr, als es nützt, denn hungrige Pilze produzieren jede Menge schädlicher Substanzen, um sich unliebsame Nahrungskonkurrenten vom Hals zu halten und Ihr Immunsystem zu schwächen. Fehlt den Pilzen die Nahrung, wachsen sie sogar durch die Darmwand und zapfen die umgebenden kleinen Blutgefäße an. Bitte erst die Antipilzbehandlung abschließen, danach das Heilfasten beginnen, das wie folgt aufgebaut ist:

Ein Vorbereitungstag, an dem wenig gegessen wird, läutet die Fastenkur ein. Danach folgen fünf Heilfastentage, an denen Sie nur Tees, Mineralwasser und Säfte zu sich nehmen. Zum Abschluss werden noch zwei Aufbautage angehängt mit nur wenig fester Nahrung. Wer sich in diesen Tagen viel Zeit für sich selbst nimmt, sich auch viel an der frischen Luft aufhält, gemäßigt Sport treibt und zu Hause des Öfteren meditiert, wird sich hinterher wie »runderneuert« fühlen – sowohl körperlich als auch geistig und seelisch.

Konzentrieren Sie sich an Fastentagen auf sich selbst.

Heilgebete

Nicht jeder Mensch glaubt an die Macht der Gebete. Das der Jungfrau polare Zeichen *Fische* herrscht jedoch im zwölften Haus, und dort sind Gebete zu Hause, die vor allen Dingen den kranken Menschen helfen sollen. Wäre das womöglich auch für Sie interessant?

Sammeln Sie Ihre Kräfte bei einem Heilgebet.

Das Gebet an sich war in allen Kulturkreisen eine uralte Tradition und eine heilende Kraft. Viele Geistheiler arbeiten auch mit dieser Methode. (Näheres dazu finden Sie im Abschnitt »Geistheilung« im Buch über »Fische«.) Ich möchte Ihnen im Folgenden das Beispiel eines »Heilgebets für eine Behinderung« vorstellen, das ich im Buch von Prof. Berthold A. Mülleneisen, »Heilgebete – Spirituelle Kraft für Körper und Seele«, gefunden habe. Jede Behinderung ist für den Betroffenen immer ein schweres Los, doch Heilgebete wirken wie Meditation.

Heilgebet: »Ein langer Weg der Verzweiflung liegt hinter mir. Warum gerade ich – diese Frage bestimmte bis heute mein Leben. Du, Gott, weißt die Antwort und durch dich will ich mich in meinem Denken erneuern. So wird wieder Lebensmut, Selbstbewusstsein und Fröhlichkeit in mich einkehren. Meine ganze geistige Kraft werde ich einsetzen, um meine Zukunft aktiv zu gestalten. Hilf mir, trübe Stimmungen zu überwinden, und fülle mein Herz mit Liebe und Vertrauen. Gib meinem Körper Widerstandskraft und Energie, um allen Anforderungen gewachsen zu sein. Lindere meine Schmerzen und fördere die Funktionsfähigkeit meiner inneren Organe. Gott, ich lege mein Leben vertrauensvoll in deine Hand!«

Heilige Bäume und ihr Öl

Den heiligen *Olivenbaum* kennt man nicht nur aus der griechischen Sage, sondern er wird auch schon im Buch Deuteronomium des Alten Testaments erwähnt, im Gelobten Land, wo Weizen und Gerste, Weinstöcke, Feigen- und Granatbäume wuchsen, es Olivenbäume und Honig gab. Das Olivenöl wurde bei den ersten Olympischen Spielen als Massageöl verwendet. Als Nahrungsmittel schützt es vor Herzinfarkt und beugt Arteriosklerose vor, da die einfachen ungesättigten Fettsäuren des Olivenöls den Cholesterinspiegel niedrig halten und den Blutdruck senken können.

Olivenöl schmeckt nicht nur köstlich, sondern schützt auch vor Herz-Kreislauf-Erkrankungen.

Wussten Sie schon, dass Olivenöl

- zur Hautpflege mit dem nervenberuhigenden Johannisöl vermischt sehr gut wirkt,
- bei Entzündungen mit dem entzündungshemmenden Königskerzenöl vermischt werden sollte,
- dem durchblutungsfördernden Öl des Rosmarins beigegeben werden kann, wenn man häufig friert oder unter einer schlechten Durchblutung leidet,
- den schleimlösenden Ölen des Fenchels, des Veilchens oder des Wermuts beigegeben werden soll,
- dem schmerzlindernden und magensaftanregenden Majoranöl hinzugefügt werden kann,
- mit dem über die Haut entgiftenden Baunscheidtöl beim Baunscheidtieren äußerst heilsam ist?

Kennen Sie schon die *Öltherapie* aus der Ukraine, eine simple und uralte Heilmethode, die im Mund ihre Heilkraft entfaltet? Sie holen sich kaltgepresstes Sonnenblumenöl im Reformhaus, nehmen einen Teelöffel voll in den Mund, saugen das Öl

15 bis 20 Minuten durch die Zähne und spucken es dann aus. Reinigen Sie danach gründlich Ihren Mund und das Waschbecken, denn in dem ausgespuckten Öl (das am Schluss der Prozedur fast weiß ist) werden alle vom Organismus aufgenommenen Giftstoffe ausgeschieden.

Diese Ölkur ist äußerst heilsam bei chronischen Kopfschmerzen, bei Bronchitis, Zahnschmerzen, Thrombosen, chronischen Blutkrankheiten, Arthrose, Paralyse, bei Ekzemen, Magengeschwüren, Darmerkrankungen, Herzkrankheiten, Nierenbeschwerden, chronischen Entzündungen und allerlei Frauenkrankheiten. Die Heilinformationen des Öls breiten sich hier – wie die Resonanzwellen in einem Teich beim Hineinwerfen eines Steins – in unserem gesamten Organismus aus!

Durch eine Öl-Zieh-Kur können Giftstoffe aus dem Körper ausgeschieden werden.

Heilsteine

Schon in der Steinzeit wurden die heilenden Eigenschaften bestimmter Steine erkannt. Die Kraft der Steine ist bei allen Völkern immer fester Bestandteil des Glaubens und der Medizin gewesen. Die zwölf Grundsteine wurden den zwölf Tierkreiszeichen zugeordnet. Auch Hildegard von Bingen hat sich schon im frühen Mittelalter mit den heilenden Kräften der Steine befasst und ihre Erfahrungen überliefert.

Heil- und Glückssteine der Jungfrau: Bernstein, Brasilianit, Jaspis, Wulfenit.

Heilsteine und Mineralien sind von großer Bedeutung für unseren Körper. Sie wirken auf vielfache Weise und neutralisieren krank machende Einflüsse in unserem Organismus und in unserer Psyche. Edelsteine sind nicht nur bei Krankheit hilfreich, sondern sie besitzen starke vorbeugende Eigenschaften, und das ganz ohne Nebenwirkungen!
Natürlich ersetzen all die genannten Hilfs- und Heilmittel keinen Arzt und vor allem keine medizinische Diagnose. Bei akuten Erkrankungen sollten Sie immer sofort Ihren Hausarzt aufsuchen!
Nach astrologischer Zuordnung passen zur Jungfrau die nachfolgenden Heilsteine: *Grüner Achat, Bernstein, Brasilianit, Dolomit, brauner und grüner Jaspis, Wulfenit* und *Zitrin.*

Bernstein
Er ist ein sehr begehrter und vielseitiger Heilstein. Er hilft bei Muskel- und Knochenerkrankungen wie Arthritis, Arthrose, Entzündungen der Gelenke, Sehnen und Nerven, Gicht, Rheuma und starken Rückenschmerzen. Legen Sie sich eine Hand voll Bernsteine in ein Glas Wasser, lassen Sie dieses Elixier über Nacht ziehen und trinken Sie es morgens auf nüchternen Magen.

Als Kette oder Anhänger getragen, bewahrt der Bernstein vor starker Grippe, aktiviert den Stoffwechsel und stärkt Leber, Dünndarm, Galle und Magen. Zudem aktiviert er die Funktion der Schilddrüse. Übrigens: Was uns Menschen gut tut, hilft auch den Tieren, denn auch die profitieren bei Pilzbefall, Hautkrankheiten, Knochenerkrankungen und Zecken von einer Bernsteinkette.

Der Bernstein ist ein Sonnenstein und weckt Ihre Lebensfreude. Der Brasilianit lindert entzündliche Herde.

Psychisch wurde der Bernstein schon immer als inspirierender Sonnenstein gesehen, der in uns besondere Lebensfreude weckt. Er bringt Licht und Wärme in unser Gemüt und schenkt uns eine frischere und fröhlichere Ausstrahlung. Der Bernstein kräftigt aber auch die Entscheidungsfähigkeit und hilft bei Ratlosigkeit, Depressionen und sogar bei Selbstmordgefahr!
Farbe: Hellgelb, Dunkelgelb, Orange, Braunorange, Undurchsichtig und Durchsichtig (oft mit Einschlüssen).

Brasilianit

Der Brasilianit hilft gegen entzündliche Infektionen im Gehirn, Rückenmark und Nervensystem, die durch noch kaum bekannte Viren oder allergische Abwehrreaktionen ausgelöst werden. Teillähmungen und Verdauungsstörungen sind die Folge. Dieser Heilstein lindert die entzündlichen Herde und bewahrt davor, dass die Erkrankung in starken Krankheitsschüben verläuft. Außerdem schützt er vor körperlichen und geistigen Leiden, die durch Umweltgifte wie z. B. Holzschutzmittel, Farben und Lacke, Lösungsmittel, Pestizide und chemische Lebensmittelzusätze hervorgerufen werden, die sich im Laufe der Zeit in unserem Körper ablagern und ihn stark belasten. Auch dies führt vor allem im Nervensystem und im Gehirn zu Vergiftungen. Der Brasilianit ist auch einsetzbar bei Geschwülsten und Rückenmarkstumoren, die ebenfalls starke Empfindungsstörungen und Lähmungen auslösen können.

Psychisch gesehen wirkt der Brasilianit regulierend und befreiend auf die Seele. Er kräftigt Nervenbahnen und Nerven. Dadurch erreichen wir ein höheres Maß an vegetativer Verständigung unter den Organen und gleichzeitig mehr Lebensfreude und mehr Selbstausdruck anderen Menschen gegenüber!
Farbe: Gelblich-Grün bis Hellgrün.

Jaspis
Der gelbe oder beige Jaspis stärkt die Bauchspeicheldrüse und bewahrt sie vor Erkrankung. Durch seine entgiftende Wirkung löst er Verdauungsrückstände und harmonisiert die Produktion von Magen- und Gallensaft. Als Jaspis-Heilsteinwasser beugt er auch Geschwüren im Magen- und Darmbereich vor. Er regt die Thymusdrüse an und bewahrt vor Überfunktion der Schilddrüse. Besonders Frauen zwischen dem 30. und 40. Lebensjahr sind oft von dieser Schilddrüsenüberfunktion betroffen und sollten deshalb regelmäßig einen beigen Jaspis tragen oder das Jaspis-Heilsteinwasser zur Vorsorge trinken.
Psychisch gesehen schenkt er uns mehr Verständnis gegenüber unseren Mitmenschen und Partnern. Wir erkennen, dass auch wir nicht ganz fehlerfrei sind, und lernen die Schwächen anderer zu akzeptieren. Der Jaspis bewahrt zudem vor übertriebener Schreckhaftigkeit und stärkt das Erinnerungsvermögen!
Farbe: Beige bis Gelblich-Beige, immer undurchsichtig.

Der Jaspis hilft bei Bauchspeicheldrüsenerkrankungen. Der Wulfenit hilft der zurückhaltenden Jungfrau, sich zu öffnen.

Wulfenit (Vanadinit)
Der Wulfenit hilft bei Darmverengung und Entzündungen im Darmtrakt (starke Blähungen, häufiges Aufstoßen). Durch Auflegen lindert er Altersschrunden und Hämorrhoiden, Darmkatarrhe und -entzündungen. Menschen, die häufig unter starken Gärungs- und Fäulnisdyspepsien leiden, sollten

diesen Heilstein gegen das geräuschvolle Rumoren im Leib, gegen starke Gasbildung und häufigen Durchfall verwenden. Dieses Mineral schützt aber auch die Haut und bewahrt vor Entzündungen, Verkalkungen und Verengungen der Muskeln und Blutgefäße. Kalte Hände und Füße, die häufig durch arterielle Durchblutungsstörungen ausgelöst werden, oder gar Gefäßkrämpfe können ebenfalls sehr gut mit Wulfenit und Vanadinit gelindert werden. Starke Wirkungen entfaltet der Vanadinit vor allem bei Arterienverkalkung, Krampfadern und Thrombose.

Heilsteine sind »wortlose« Helfer.

Psychisch gesehen macht der Vanadinit – in der Wohnung aufgestellt – alles sensibler und offener. Vor allem misstrauische und/oder rechthaberische Menschen werden durch ihn entspannter und umgänglicher. Wulfenit und Vanadinit eignen sich auch sehr gut für Menschen, die eine allzu materielle Einstellung und zu wenig Gefühlsausdruck besitzen, denn diese Heilsteine lösen Ängste und Depressionen!
Farbe: Orange, Rot, Rotbraun und Gelblich.

Wie finde ich den für mich richtigen Heilstein?
Nehmen Sie den Heilstein einige Minuten in Ihre linke Hand. Konzentrieren Sie sich, ob der Stein warm wird, Ihre Haut plötzlich kribbelt oder ob etwas zu pochen beginnt. Macht sich der Stein in Ihrer Hand bemerkbar, so kann er auch etwas für Sie tun. Rührt sich nach einigen Minuten nichts, und der Stein bleibt kalt, wird er keine Heilwirkung entfalten können. Natürlich können Sie Ihren passenden Heilstein auch auspendeln. Legen Sie den Stein dazu in die linke Handfläche und halten Sie das Pendel über den Stein. Schlägt es parallel zu Ihrem Körper oder bleibt es ruhig, ist der Heilstein im Moment nicht passend. Schlägt es in Herzrichtung zu Ihnen, dann kann Ihnen der Heilstein etwas Gutes tun.

Pflege der Heilsteine

Heilsteine, die ständig in Gebrauch sind, sollten mindestens einmal monatlich entladen und neu aufgeladen (gereinigt) werden. Doch nur die wenigsten vertragen ein Wasserbad. Die meisten Heilsteine sind als Trommelstein, Handschmeichler, als Rohstein, Donut, Anhänger, Kette oder Pyramide erhältlich. Zum Entladen genügt eine Hand voll Hämatit-Trommelsteine, in die Sie die Heilsteine über Nacht legen. Aufladen können Sie die Steine am besten in einer Schale mit Bergkristall-Trommelsteinen oder in einer Bergkristallgruppe, die in der Wohnung aufgestellt zudem äußerst dekorativ aussieht.

Heilsteine lassen sich dekorativ in Ihrer Wohnung platzieren.

Trommelsteine sind einfach zu pflegen: Sie werden über Nacht in Erde vergraben (in Blumentöpfe, Pflanztröge oder im Garten), am nächsten Tag kurz unter lauwarmem Wasser abgespült und vormittags in der Sonne (nie in der heißen Mittagssonne) aufgeladen.

Da der Jungfrau astromedizinisch auch die feinstofflichen Essenzen (Homöopathie) zugeordnet sind, könnten möglicherweise die *Heilsteinessenzen* für Sie ebenfalls sehr wirksam sein. Die Einnahme der Essenzen hat keine Nebenwirkungen, denn die Essenzen sollen eine seelische Wandlung und ein inneres Gleichgewicht bewirken und mit der Zeit auf sanfte Weise Blockaden auflösen. Wenn Sie sich dafür interessieren, wenden Sie sich an die Firma Methusalem. (Die Adresse finden Sie im Anhang unter »Heilsteine«.)

Hildegard-Medizin

Der Mensch kann ohne die Natur weder leben noch bestehen.

Die heilige Hildegard von Bingen (1098–1179) gründete um das Jahr 1150 das Kloster auf dem Rupertsberg bei Bingen. Sie hatte schon in ihrer Kindheit Visionen, die sie ab 1141 in lateinischer Sprache niederschrieb. Neben diesen mystischen Texten verfasste sie auch Schriften zur Naturkunde und zur Heilkunde. All ihre Erkenntnisse basieren auf dem Gesamtzusammenhang der Schöpfungswirklichkeit. In ihrer »Physika« sind fast 1800 Rezepte angeführt, die erst Mitte des letzten Jahrhunderts wieder gefunden wurden. Der österreichische Arzt Gottfried Hertza testete diese vielen Rezepturen und baute dadurch dieses alte System der Hildegard-Medizin wieder auf.

Aber auch die Ernährungslehre der Hildegard von Bingen ist von ebenso großer Bedeutung wie die diversen Ausleitungsverfahren. Zudem spielt die Psychotherapie nach Hildegard für die geistige Gesundung eine große Rolle. Nach Hildegard haben die meisten Menschen zu wenig Liebe, Barmherzigkeit, Hoffnung oder Tapferkeit. Dadurch können – ebenso wie durch eine gestörte Beziehung zu Gott – seelische Krankheiten entstehen, die wiederum den Körper negativ beeinflussen.

Bei den Ausleitungsverfahren der Hildegard-Medizin ist an erster Stelle der *Aderlass* zu erwähnen, der ausgerichtet auf die Mondphasen am ersten bis fünften Tag nach dem Vollmond durchgeführt wird (siehe hierzu die Bücher über »Löwe« und »Skorpion«). Der Patient soll danach eine spezielle Diät einhalten. Mit dem Aderlassblut kann man zusätzlich eine aufschlussreiche Phänomenanalyse zur Hinweisdiagnostik erstellen.

Aber auch das blutige und unblutige *Schröpfen* (siehe dazu die Bücher über »Stier« und »Skorpion«), das Abbrennen von *Brennkegeln* (Moxibustion siehe »Widder«, »Löwe« und »Schütze«) sowie Saunaanwendungen (siehe »Skorpion«) gehören dazu. Regelmäßiges *Fasten*, das nach genauen Anleitungen durchgeführt werden sollte, ist wichtig für Ausleitung von Schadstoffen und zur allgemeinen Regeneration eines kranken Menschen.

Dinkelgetreide eignet sich besonders gut als Ernährungsgrundlage.

Als Ernährungsgrundlage empfiehlt Hildegard von Bingen besonders das *Dinkelgetreide*, das gegen eine Vielzahl von körperlichen und psychischen Leiden wirksam ist. Es enthält zahlreiche Vitamine, Aminosäuren und Mineralstoffe, wirkt wärmend, psychisch aufhellend und verbessert den Nervenstoffwechsel, sorgt für gute Verdauung, hilft bei der Regeneration und Blutbildung und ist sehr bekömmlich. Die heilige Hildegard rät zu einer ausgewogenen Vollkornkost, bei der nur die »Hildegard-Küchengifte« verboten sind. Hierzu zählen: Porree, Pfirsich, Erdbeeren und Pflaumen. Alle Rohkostprodukte sollten durch eine Essig-Öl-Beize aufgeschlossen werden und alle Nachtschattengewächse werden in der Hildegard-Küche nur ganz bedingt angewendet. Weitere Empfehlungen, Buchtipps und Kontaktadressen finden Sie im Anhang.

Homöopathie

Der Grundsatz der Homöopathie lautet: Ähnliches mit Ähnlichem heilen.

Vor ca. 200 Jahren wurde die Homöopathie als die Kunst des naturgesetzmäßigen Heilens von dem Meißener Arzt Samuel Hahnemann begründet. Diese Heilkunst funktioniert nach dem Grundsatz: »Ähnliches wird durch Ähnliches geheilt!« Hahnemann erkannte, dass Krankheit nichts anderes ist als die Verstimmung des »Lebenskräfte-Waltens«. Etwas, das unserem Bewusstsein fehlt (»Was fehlt Ihnen denn?«), wird durch ein Krankheitszeichen zum Ausdruck gebracht. Diese fehlende Information kann uns die Homöopathie wieder geben. Da Ähnliches mit Ähnlichem und nicht Gleiches mit Gleichem geheilt wird, muss die Information, die ein Heilmittel in sich trägt, für den Patienten verfeinert werden. Hoch aufbereitet kann das Heilmittel Licht ins Dunkel bringen. Die fehlende Information wird im Bewusstsein aufgenommen und der in die Körperlichkeit gefallene Bereich wird auf eine höhere Ebene transformiert.

Wie die Liebe, so ist auch die Homöopathie eine immaterielle Kraft auf höchster Schwingungsebene. Um eine Potenz D 1 zu erreichen, wird ein Teil der Urtinktur mit neun Teilen 40-prozentiger Alkohol-Wasser-Lösung vermischt und zehnmal verschüttelt. Etablierte Mediziner wiesen als Gegner der Homöopathie nach, dass ab der Potenz D 23 keine molekularen Spuren der ursprünglichen Substanz in dem homöopathischen Heilmittel mehr zu finden sind. Und trotzdem wirken diese Hochpotenzen.

Wer sich eine homöopathische Hausapotheke zulegen will, sollte sich geeignete Fachbücher holen und dabei anfangs mit niedrigeren Potenzen arbeiten.

Homöopathika wirken trotz ihrer hohen Verdünnung vor

allem im zellmolekularen Bereich, denn sie können in unser menschliches Zentralnervensystem eintreten, ohne »anklopfen« zu müssen.
Die nachfolgende Zuteilung ersetzt auf keinen Fall die Anamnese durch einen geschulten Homöopathen. Nur in einem zwei- bis dreistündigen Anamnesegespräch kann dieser Therapeut das für Sie zurzeit richtige Konstitutionsmittel herausfinden!
Astromedizinisch werden der Jungfrau folgende Mittel zugeordnet: *Appencitis Nosode, Coffea, Diverticulose Nosode, Formica rufa, Natrium carbonicum, Natrium muriaticum, Natrium phosporicum, Nux moschata* und *Nux vomica.*

Folgende homöopathische Mittel werden u. a. der Jungfrau zugeordnet: Natrium muriaticum und Nux vomica.

Natrium muriaticum
Das Homöopathikum wird aus dem hoch gereinigten Speisesalz hergestellt. Das Mittel wirkt am besten bei Menschen, die zwar bedächtig und selbstsicher zu sein scheinen, jedoch häufig introvertiert und verletzlich sind. Seelisch-geistig hilft Natrium muriaticum oft bei Ungeduld, Ungeschicklichkeit, großer Empfindlichkeit, bei häufigen Depressionen oder morgendlichem »Blues«, bei Schwierigkeiten, die wahren Gefühle auszudrücken, bei Weinen und Introversion, bei Angst vor Dunkelheit und Donner, bei allzu wenig Sinn für Humor, bei ständigem Grübeln über Ungerechtigkeiten, bei Widersprüchlichkeiten im Verhalten.
Körperlich hilft Natrium muriaticum oft bei Migräne mit Sehstörungen und Zickzacklinien vor den Augen, bei hämmernden Kopfschmerzen, die oft zwischen zehn und elf Uhr vormittags am stärksten sind, bei Herzklopfen, das sich durch Hinlegen verschlimmert, bei erhöhtem Blutdruck, bei Rückenschmerzen, die durch festen Druck gelindert werden, bei Verdauungsbeschwerden, die durch Rauchen schlimmer werden,

bei Scheidenkrämpfen, Scheidenausfluss, bei Ausbleiben der Menstruation infolge Schock oder Trauer, bei unregelmäßiger Menstruation.
Die Symptome werden gelindert durch frische Luft, Fasten, kalte Bäder und Schlafen auf harter Matraze.

Nux vomica

Ihr Geburtshoroskop zeigt körperliche Schwachstellen und das passende Mittel auf.

Das Homöopathikum wird aus den reifen, getrockneten Samen der Brechnuss (Krähenauge) zubereitet.
Das Mittel hilft geistig-seelisch bei fanatischem Perfektionismus, bei Reizbarkeit, bei Wutausbrüchen, bei allzu großem Streben nach Anerkennung oder Bewunderung, bei pompöser Redeweise, die niemals Zweifel oder Sorgen ausdrückt, bei Ängstlichkeit, bei Wut und Frustration, bei Erschöpfungszuständen.
Körperlich hilft Nux vomica oft bei Kater nach übermäßigem Alkoholgenuss, bei 24-Stunden-Grippe mit Schüttelfrost und steifen, schmerzenden Muskeln, bei Schlaflosigkeit, die durch Überarbeitung, Alkohol oder Medikamente verschlimmert wird, bei quälendem Husten mit Würgen, bei Kitzelhusten und Schmerzen im Rachen, bei Rückenschmerzen, die besser werden, sobald man sich im Bett aufsetzt oder auf die andere Seite legt, bei Vorliebe für sehr stark oder scharf gewürzte Speisen, bei Verdauungsstörungen mit Erbrechen, bei Verstopfung oder Durchfall nach Genuss von saftigem Obst oder Gemüse, bei Unterleibskrämpfen, die durch Hitze gelindert, durch Druck verschlimmert werden, bei Koliken, die Übelkeit verursachen, jedoch nach dem Stuhlgang verschwinden, bei Hämorrhoiden, die den Stuhlgang stark erschweren oder unmöglich machen, bei vorzeitig einsetzenden Menstruationsblutungen der Frauen, bei häufigem Harn- und Stuhldrang während der Menstruation.

Wie erhalte ich die richtigen homöopathischen Mittel?

Auf keinen Fall ist hier eine Selbstmedikation empfehlenswert. Homöopathie ist ein umfangreiches Wissensgebiet, das viele Jahre Studium erfordert. Sie sollten sich deshalb nur an einen Homöopathen Ihres Vertrauens wenden. Am besten ist die Empfehlung durch eine bekannte Person; ansonsten suchen Sie im Branchenverzeichnis und hören, ob Ihnen die Stimme des Therapeuten schon am Telefon sympathisch erscheint.

Die Grundanamnese erfordert einige Stunden Zeit und ein offenes Gespräch. Wie der Schlüssel ins Schloss, so muss auch in der Homöopathie jede Arznei zur Krankheit und zum kranken Menschen passen. Das ist eine schwierige Aufgabe. Hat der Behandler jedoch das Mittel der Wahl für seinen Patienten gefunden, so ist ganzheitliche Heilung möglich.

Die Grundanamnese und ein offenes Gespräch sind unerlässlich.

Noch ein wertvoller Tipp für die gesundheitsbewusste Jungfrau: Kennen Sie schon das *kolloidale Silber*? Silber im kolloidalen Zustand ist völlig unschädlich und ungiftig. Es wirkt stark keimtötend bei allen Schimmelarten, bei Viren, Bakterien, Streptokokken, Staphylokokken und anderen pathogenen Keimen. Es kann eingenommen werden, auf Schnittwunden, Schürfwunden, Warzen, Geschwüre, auf Hautkrebs, Ekzeme, Akne, Mückenstiche aufgetragen werden, es kann inhaliert, in die Nase gesprüht und in die Augen getropft werden (bei Mensch, Tier und Pflanze). (Bezugsquellen finden Sie im Anhang unter »Koloidales Silber«.)

Auch das zweite Mittel ist völlig harmlos (höchstens ein bisschen sauer): *Preiselbeersaft* aus Wildfrucht. Ihn gibt's im Reformhaus als »Muttersaft« (330 ml) und seine Wirkstoffe greifen ebenfalls Bakterien an. Zwei dieser kleinen Fläschchen täglich reichen schon aus.

Indianerritual zum Aufladen der Erdenergie

Nehmen Sie sich zum Essen genügend Zeit und spüren Sie die Energie mit jedem Bissen.

Jungfrau-Menschen gehören nach astrologischer Zuordnung zu den *Erdzeichen.* Um Ihre Erdenergie immer wieder aufzuladen, empfiehlt sich das nachfolgende Ritual. Diese Übung kann beim Frühstück oder bei jedem Essen vollzogen werden. Die erste indianische Empfehlung zum richtigen Essen lautet: Innere Ruhe finden, bevor Sie essen:

1. Danken Sie Mutter Erde dafür, dass sie uns täglich mit Nahrung versorgt. Betrachten Sie Ihre Speise für einen kurzen Augenblick, und machen Sie sich dabei bewusst, dass Sie gleich stärkende Energie in sich aufnehmen werden.
2. Spüren Sie die Kraft mit jedem Bissen, den Sie zu sich nehmen. Kauen Sie bewusst und langsam. Es versteht sich von selbst, dass Sie während des Essens nichts anderes nebenbei machen, dass Sie z. B. nicht Zeitung lesen, Terminkalender studieren, Einkaufslisten erstellen oder Telefonate führen. Konzentrieren Sie sich nur auf Ihre Energiezufuhr.
3. Genießen Sie aus vollem Herzen. Erfreuen Sie sich schon am Anblick der Speisen. Nehmen Sie Ihr Mahl mit allen Sinnen auf. Horchen Sie genussvoll in sich hinein. Lassen Sie den Geschmack auf der Zunge zergehen. Nichts und niemand soll und darf Sie jetzt von Ihrer Mahlzeit ablenken.
4. Wenn Sie zwischendurch den Drang verspüren, der Erdenergie zu danken, dann tun Sie das. Auf jeden Fall aber nach Abschluss des Mahls.

Nach einiger Zeit werden Sie feststellen, dass sich Ihre Verdauung verbessert und Ihr Gewicht leichter reguliert. Außerdem werden Sie merken, dass Ihr Appetit auf frisches Obst, auf Gemüse oder Salate zunimmt!

Kinesiologie

»Gesund durch Berühren« könnte man diese Heilmethode betiteln, die eine Zusammenschau und Weiterentwicklung der Reflexzonenmassage, der Akupressur und der Meridianmedizin darstellt. Der amerikanische Chiropraktiker Dr. George Goodheart entdeckte in den frühen 60er-Jahren des vergangenen Jahrhunderts, dass sich bestimmte Vorgänge innerhalb des Organismus in den Muskeln abbilden. Der Zustand bestimmter Muskeln lässt also Rückschlüsse auf den Zustand bestimmter Organfuntionen (siehe auch »Orgontherapie« bei »Zwillinge«, »Waage« und »Wassermann«) zu.

In Form eines Muskeltests erhält man auf einen sensorischen Impuls eine motorische Antwort.

Das klingt zwar alles etwas wundersam, doch Sie können den kinesiologischen Muskeltest zusammen mit einem Partner leicht ausprobieren. Hier ist der einfachste von 114 Tests, der im Arbeitshandbuch »Gesund durch Berühren« (Touch for Health) beschrieben wird:
Sie stellen sich einander gegenüber, lassen die Testperson den linken Arm seitlich ausstrecken, fassen deren Handgelenk und drücken den Arm an den Körper zurück. Die Testperson soll dabei fest dagegen halten. Normalerweise ist der Muskel, der hier beansprucht wird, stark genug, dem Druck Ihrer Hand zu widerstehen. Und das wird auch geschehen.
Wiederholen Sie nun diesen Vorgang, und bitten Sie die Testperson, an einen tragischen Vorfall zu denken oder eine Substanz in die Hand zu nehmen, auf die sie allergisch reagiert. Jetzt ist der Muskel so schwach, dass Sie den Arm mühelos herunterdrücken können. Diese verblüffende Tatsache beweist mehr über die Ganzheit unseres Organismus, als so manche gelehrte Doktrin dies vermag.
Die geschwächten Muskeln sind nur Indikatoren für eine

andernorts liegende Schwäche, deshalb erfolgt danach die Behandlung mittels Halten oder Reiben von neurolymphatischen Punkten, die auf der Haut liegen und »Eingangspforten« für das Lymphsystem sind, durch Berühren der neurovaskulären Punkte, die auf das Blutgefäßsystem wirken, durch Stimulation der Meridiane in Richtung oder Gegenrichtung, durch Aktivierung der Akupressurpunkte und durch Massage vom Ansatz oder Ursprung eines Muskels.

Durch einen kinesiologischen Test können Sie auch herausfinden, welche Substanzen für Ihren Körper schädlich sind.

Diese gezielten Berührungen und Massagen sind hilfreich bei Stresssituationen, bei emotional-geistigen Problemen, bei Kopf- und Rückenschmerzen. Parallel zur Therapie werden die einzelnen Muskeln immer wieder aufs Neue getestet, um festzustellen, ob sie nun stark reagieren und heilsame Effekte eingetreten sind.

Mittels dieser Methode kann man den kinesiologischen Test auch zum Finden von negativen oder positiven Substanzen nutzen. Die Zahl der Umweltstoffe, die Allergien auslösen, ist in den letzten Jahren steil angestiegen. Welche Substanzen nun individuell schädigen, kann mit dem kinesiologischen Test rasch diagnostiziert werden. Die angewandte Kinesiologie gehört zu den ganzheitlichen Behandlungsmethoden, weil sie den psychischen mit dem strukturellen Bereich und dem Stoffwechselbereich verbindet. Ihre größten Erfolge wies die Kinesologie auf bei

- allergischen Leiden,
- Lern- und Konzentrationsstörungen,
- Phobien (Angstzuständen), z. B. Platzangst oder Prüfungsangst,
- Neuralgien, Muskelspasmen und Schmerzzuständen (Ischias, Hexenschuss),
- Schädigungen und Verformungen des Skeletts sowie Haltungsschäden.

Doch wie bei allen Therapien gibt es auch in der Kinesiologie verschiedene Sparten. *Touch for Health* wurde oben schon erwähnt. Weiterhin gibt es die *Edu-Kinestetik*, die in den 70er-Jahren des vergangenen Jahrhunderts von Paul E. Dennison entwickelt wurde. Er entdeckte, dass sich bei Über-Kreuz-Bewegungen (rechtes Bein und linker Arm) die beiden Gehirnhälften zentrieren und kognitive Fähigkeiten dadurch positiv beeinflusst werden. Dennison entwickelte daraus ein Konzept, um diese Übungen nutzbringend einzusetzen – vor allem bei jeder Art kreativen Lernens.

Die Seele spricht durch den Körper.

Ich möchte Ihnen aber auch noch die *Psycho-Kinesiologie* nach Dr. Klinghardt vorstellen: Dieser deutschstämmige Arzt hat in den USA eine ganzheitliche Methode entwickelt, mit der die Psyche eines Menschen mittels kinesiologischem Test untersucht werden kann. Ziel der Psycho-Kinesiologie ist es, durch das Testen der Muskeln und das Feedback des Unterbewusstseins verdrängte Konfliktsituationen zu bestätigen und die krank machenden Glaubenssätze durch neue, frei machende zu ersetzen, indem diese neurophysiologisch vom Nervensystem entkoppelt und ausgelöscht werden. Ist die Psyche davon befreit, folgt kurz darauf auch die positive körperliche Reaktion!

Zu Beginn der Untersuchung wird durch einen Muskeltest festgestellt, ob das autonome Nervensystem reaktionsfähig ist oder ob eine Blockade vorliegt. Dieser Test muss sorgfältig erlernt werden und ermöglicht es, den Körper als »Bio-Feedback-Messgerät« zu verwenden. In einer psycho-kinesiologischen Sitzung hat der Therapeut nach längerem Gespräch die Möglichkeit, einen Dialog mit dem Unterbewusstsein des Menschen zu führen. Dabei werden auch verdrängte traumatische Ereignisse ans Licht gebracht und die aufgestauten Gefühle des Patienten kommen zur Entladung.

Jedes traumatische Ereignis bildet in unserem Unterbewusstsein einschränkende Glaubenssätze, die lebenslang gespeichert werden und uns beeinflussen. Je mehr diese Glaubenssätze durch unser Unterbewusstsein wirken, desto eher sucht der Körper einen Ausweg in Form chronischer Beschwerden und Schmerzen aller Art. So wirkt sich nach Klinghardts Erfahrungen z. B. die Angst vor allem auf die Nieren oder den Rücken aus.

Traumatische Ereignisse werden von unserem Unterbewusstsein als negative Glaubenssätze gespeichert.

In Deutschland wird die Psycho-Kinesiologie seit fünf Jahren angewandt. Damit Ärzte und Heilpraktiker darin ausgebildet werden können, hat Klinghardt in Stuttgart das erste deutsche Institut für Neurobiologie eröffnet. Dort können Sie eine Liste anerkannter Therapeuten anfordern. (Die Adresse finden Sie im Anhang.)

Konzentratives Bewusstseinstraining

Der Schweizer Therapeut W. Bürgin definierte die Gesetze der Suggestion wie folgt: »Je intensiver das Bewusstsein auf einen speziellen Bereich konzentriert werden kann, umso deutlicher wirkt die Psyche auf körperliches Geschehen ein!« Bürgin hat das konzentrative Bewusstseinstraining deshalb vor allem zur Anregung unserer Selbstheilungskräfte entwickelt. Im Gegensatz zur Hypnose appelliert der Arzt hier an den Verstand und die Logik des Patienten (eine Stärke der Jungfrau-Menschen, denn ihr Herrscher ist *Merkur*). Jeder Mensch verfügt über geistige Selbstheilungskräfte, die jedoch durch alltägliche Reizüberflutung zugeschüttet sind. Diese Selbstheilungskräfte werden durch intensive Konzentration und Gespräche mit dem Therapeuten wieder freigesetzt.

Jeder Mensch verfügt über geistige Selbstheilungskräfte.

Der Patient liegt bei der Behandlung in einem abgedunkelten Raum in ruhiger Atmosphäre und wartet seinen eigenen Atemrhythmus ab, dem sich dann der Arzt in seiner Sprechweise anpasst. Therapeut und Patient begeben sich stufenweise zum Kern der Krankheit oder der Schmerzen. Die Behandlung erfolgt in mehreren Schritten.

1. Der Patient konzentriert sich auf einen Gegenstand, der ca. 20 Zentimeter vor seine Augen gehalten wird.
2. Er zählt von 1000 an in Vierer- oder Dreiergruppen rückwärts.
3. Das Schwebegefühl und die nun auftretende Müdigkeit spricht der Therapeut direkt an und verstärkt dadurch den Effekt.
4. Der Arzt löst die Zeit auf, weil er dem Patienten logisch erklärt, dass die Zeit des Alltags, ihre Sekunden, Minuten und Stunden nicht der Zeit entsprechen, die uns die Schöp-

fung zur Verfügung gestellt hat. Alle Lebewesen sind Teil einer unendlichen Dimension und können deshalb ihre Gedanken sowohl in die Zukunft als auch in die Vergangenheit schweifen lassen.

5. Ein Schwebezustand ist nun eingetreten und der Patient weiß, dass es möglich ist, sich von Problemen, Schmerzen und Belastungen zu lösen.

Wenn der Körper schwer und warm wird und der Kopf klar ist, haben Sie den Zustand des konzentrativen Bewusstseins erreicht.

Dieses Gefühl der Schwere zusammen mit der wohligen Wärme und dem Gefühl des Schwebens bei klarem Kopf ist der Zustand des konzentrativen Bewusstseins. Nach dieser Übung fließen neue Energien für Ihre Selbstheilungskräfte. Bestimmte Schmerzzustände, Phantombeschwerden, Trigeminusneuralgien, Migräneanfälle, Asthma und allergische Hauterscheinungen können so sanft geheilt werden!

Kräuterheilkunde

Alles aus der Natur ist für Sie als Jungfrau-Geborener fundamental und wichtig, denn als Erdzeichen sind Sie der Natur stark verbunden. Was liegt also näher, als gegen Beschwerden mit natürlichen Kräutertees, Aufgüssen, Umschlägen oder Ähnlichem vorzugehen?

Die Prinzipien der Kräuterheilkunde können wie folgt zusammengefasst werden: Heilpflanzen wirken – im Gegensatz zu synthetischen Arzneimitteln, die aus künstlich hergestellten chemischen Verbindungen (zum Teil von der Natur abgekupfert) mit ein oder mehreren genau beschriebenen Wirkstoffen bestehen – in ihrer Gesamtheit auf den Organismus und damit auf ganze Krankheitsfelder. Eine Kombination von Pflanzenextrakten kann die Wirkung der Einzelextrakte sogar noch erhöhen nach dem Grundsatz: Die Wirkung eines Ganzen ist größer als die Summe seiner Einzelteile.

Heilpflanzen sind ein essenzieller Bestandteil der ganzheitlichen Medizin.

Die Phytotherapie ist eine echte Wissenschaft. Sie als typischer Jungfrau-Mensch könnten sich diese Heilmethode als interessantes Hobby erwählen. Viele Fachbücher über Heilkräuter, Heilpflanzen oder Phytotherapie sind heute im Handel erhältlich. Hier ein paar Anwendungsgebiete:

- *Ängste und überreizte Nerven:* Tees aus Melisse oder Orangenblüten (mit etwas Honig).
- *Bluthochdruck:* Mistelkraut und -stängelspitzen als Tee mit Weißdorn und Melisse, Schlangenwurz (Rauwolfia serpentina) als pulverisierte Droge, Ölbaumblätter als Extrakt, Zwiebelsaft zum Trinken.
- *Depressionen:* indischer Hanf (Cannabis), Schlafmohn, Johanniskraut, Kava-Kava-Wurzel (Rauschpfeffer) oder indischer Lotosblumensamen.

- *Herzrhythmusstörungen:* Besenginsterblüten und -kraut als Aufguss, Vollextrakt oder in Tropfenform, die gelbe Jasminwurzel als Tinktur, die Weißdornblüten und -blätter als Tee, Tinktur oder Extrakt.
- *Prostataleiden:* Brennnesselwurzelextrakt, Kürbissamen als Granulat, Echinacea in verschiedenen Darreichungsformen, Quecke in Tropfenform, Weidenröschen als Tee.
- *Überfunktion der Schilddrüse:* Kombination von alkoholischen Extrakten aus Wolfstrapp und Herzgespann.
- *Verdauungsprobleme:* Kümmelsamen als Tee, Pfefferminze ganz allgemein bei Übelkeit und als Tee gegen Blähungen.

Mit dem köstlichen Lapacho-Tee holen Sie sich ein Stück Südafrika ins Haus und beugen Darmkrankheiten vor.

Wertvoll für Sie als Jungfrau-Persönlichkeit ist aber auch der *Lapacho*-Tee, der Rindentee aus Südamerika, der Ihren Darm saniert und viele weitere Heilwirkungen für Ihr Wohlbefinden besitzt. Geben Sie einen Esslöffel Tee in einen Liter Wasser, lassen Sie alles leicht kochen und dann noch 20 Minuten ziehen. Auch der *Rooibos*-Tee (Rotbuschtee), das Nationalgetränk Südafrikas, hat positive Wirkungen auf Ihre Gesundheit. Sehr gut bei Magen-Darm-Verstimmungen, Schlaflosigkeit und Allergien. Zugleich wirkt er dem Alterungsprozess entgegen und stärkt Ihr Immunsystem. Er kann zu jeder Tages- und Nachtzeit getrunken werden. Beide Tees sind in Naturkostläden oder Reformhäusern erhältlich.

Kennen Sie schon den *Noni*-Saft (Morinda citrifolia)? Er enthält eine hochwirksame Kombination von lebenswichtigen Enzymen, Koenzymen, pflanzlichen Hormonen, Alkaloiden, Vitaminen und Spurenelementen. Er stärkt Ihr Immunsystem und damit auch Ihre Selbstheilungskräfte. Er entspannt durch seinen Serotoningehalt, liefert Ihrem Körper eine Menge Energie und schenkt Ihnen tiefen Schlaf. Angebaut wird er in Indien, China, Südostasien, Polynesien und im pazifischen Raum.

Meditation mit den fünf Tibetern

Die Meditation diente immer spirituellen Zielen, wird heute jedoch zunehmend von Medizinern und Psychologen als Heilmittel eingesetzt, als Antistressmittel und zur Anregung der Selbstheilungskräfte und der Selbstentfaltung. Inzwischen ist erwiesen, dass wir in der Meditation viel weniger Sauerstoff verbrauchen, sich Atmung und Herzrhythmus verlangsamen, Hirn, Muskeln und Haut stärker durchblutet werden und das EEG Alphawellen (Gehirn im Wachzustand) meldet, die sich mit Thetawellen (Gehirn im Schlafzustand) synchronisieren.

Regelmäßiges Meditieren bringt Sie Ihrem Inneren näher.

Die positive Wirkung regelmäßiger Meditation führt dazu, dass Sie in Ihrer Wahrnehmung wacher werden, weniger Angst verspüren, sich selbst in einem besseren Licht sehen und dass Sie verantwortungsbewusster werden (vor allem sich selbst gegenüber). Heilmeditationen wirken sehr positiv bei psychosomatischen Krankheiten, bei psychischen Störungen, neurotischen Fehlentwicklungen, in Lebenskrisen, bei Asthma, hohem Blutdruck, Herzbeschwerden, Magen-Darm-Erkrankungen und Schlafstörungen.

Verbinden Sie doch einmal Ihre Meditationen mit den Übungen der fünf Tibeter:

- Bei der ersten Übung stehen Sie aufrecht mit ausgebreiteten Händen und drehen sich sanft hin und her. Am Schluss falten Sie die Hände zusammen und schauen auf Ihren Daumen.
- Zur zweiten Übung legen Sie sich ausgestreckt rücklings auf den Boden. Dann heben Sie den Rücken samt Kopf nach oben und strecken die Beine in Richtung Zimmerdecke (eventuell die Hände unter den Po, Knie zeitweise angewinkelt).

- Für die dritte Übung knien Sie aufrecht und beugen sich dabei behutsam nach hinten. Stellen Sie die Zehen dabei gerade.
- Als vierte Übung bauen Sie eine »Brücke«, d. h., Unterschenkel und Arme stützen das Gewicht Ihres Körpers. Erst den Nacken strecken, dann das Kinn zur Brust.
- Bei der fünften Übung machen Sie ein Dreieck. Erst liegen Sie auf dem Bauch, dann ziehen Sie das Becken hoch, sodass der Po ganz oben ist. Die Beine stehen schräg und die Arme stützen ebenfalls das Gewicht (auf rutschfeste Unterlage achten!).

Versuchen Sie es doch einmal mit einer Meditationsübung.

Tiefe Atmung ist hier wichtig; führen Sie jede Übung anfangs nur dreimal aus. Denken Sie daran: Vor den Erfolg haben die Götter die Achtsamkeit gesetzt! (Auch im Abschnitt »Wohlfühltage« ist noch eine weitere Meditationsübung ausführlich beschrieben.)

Mikrobiologische Therapie

Wenn Sie unter chronischen Infekten leiden, unter Allergien, Mykosen, Magen-Darm-Störungen, Zahnfleischentzündung, wenn Sie längere Zeit Antibiotika einnehmen mussten oder der Chemo- oder Strahlentherapie ausgesetzt waren, dann empfiehlt sich eine mikrobiologische Therapie, um die gestörte Abwehr wieder zu regenerieren.

Nur ein aktives Immunsystem kann den Kampf mit krankheitsbringenden Bakterien aufnehmen.

In den Schleimhäuten, im Dünn- und Dickdarm leben Milliarden Mikroorganismen in Symbiose mit unserem Organismus. Sie gewährleisten einen intakten Stoffwechsel und sorgen für ein aktives Immunsystem. Diese einzelligen Kleinstlebewesen sind für unsere Gesundheit lebenswichtig, denn sie schulen auch durch das Training der B-Lymphozyten unser Abwehrsystem.

Wenn all dies nicht mehr richtig funktioniert, liegt meist eine Dysbiose vor, die mittels einer Stuhluntersuchung abgeklärt werden kann. Dann zeigt sich, dass das Mengenverhältnis zwischen den unterschiedlichen Mikroorganismen, die den Darm besiedeln, gestört ist. Jetzt sind zu viele nützliche Darmkeime geschädigt und zu viele schädliche Keime vorhanden.

Die mikrobiologische Therapie dauert drei bis sechs Monate. Zu Beginn werden Präparate aus abgetöteten Kolibakterien und Enterokokken verordnet. Danach werden lebende Keime, Milchsäurebakterien und Bifidobakterien verabreicht, um den Aufbau einer gesunden Darmflora zu ermöglichen. Es können auch Eigenimpfstoffe gespritzt werden. Erst wenn die Darmflora sich stabilisiert hat, folgt die Einnahme wirksamer Kolibakterien.

Liegt allerdings ein Pilzbefall vor, muss vorher eine antimykotische Therapie erfolgen. Die mikrobiologische Therapie hat langfristig am meisten Erfolg, wenn Sie Ihre Ernährung auf eine überwiegend laktovegetabile Vollwertkost umstellen.

Orthomolekulare Therapie

Die Orthomolekulare Medizin ist keine Außenseitermedizin. Sie bewirkt die Erhaltung guter Gesundheit und behandelt die Krankheiten durch Veränderung der Konzentration von Substanzen im menschlichen Körper. Sie basiert auf folgenden Punkten:

Der Mensch benötigt ca. 45 lebensnotwendige Nährstoffe.

- Kenntnis der biochemischen Wirkung unserer Nahrung, von Umwelteinflüssen, körperfremden Substanzen sowie von so genannten Stresssituationen auf das Gleichgewicht des Mineralstoff-, Spurenelement-, Aminosäure-, Fettsäure- und Vitaminstoffwechsels.
- Deckung des Nährstoffbedarfs mittels gezielter Ernährung und Gabe von Nährstoffsupplementen. Die darin enthaltenen Mineralstoffe, Spurenelemente, Vitamine, Amino- und Fettsäuren sowie Enzyme werden zur Nahrungsergänzung oder zur Korrektur von Nährstoffungleichgewichten (z. B. bei Mangelzuständen oder erhöhten Werten im Körper) eingesetzt.

Es ist wissenschaftlich längst erwiesen, dass bei Zivilisations- und Stoffwechselkrankheiten bei allen Altersstufen der Nährstoffmangel eine entscheidende Rolle spielt. Hier nun ein paar Beispiele für Nährstoffsupplemente und ihre Anwendungsgebiete:

- *Biotin:* Anämie, Appetitlosigkeit, Müdigkeit, Depressionen, Haarausfall, Schwindel, erhöhter Zucker- und Cholesterinspiegel, Muskelschwäche, Muskelschmerzen und Schlaflosigkeit.
- *Omega-6-Fettsäuren:* Acne vulgaris, Allergien, Alkoholismus, atopische Ekzeme, prämenstruelles Syndrom, Hypertonie, erhöhte Cholesterin- und Triglyzeridwerte, Diabetes,

Entzündungen, Anfangsstadium der multiplen Sklerose, Übergewicht oder Schizophrenie.

- *Magnesium:* Alkoholismus, epileptische Anfälle, Hypotonie, Hyperaktivität, Depressionen, Muskelkrämpfe, Muskelschmerzen, Muskelzittern, Nervosität, Stress, Schlaflosigkeit, Verwirrtheit und Tachykardie (Herzjagen).
- *Vitamin B_6:* Depressionen, Glossitis, fette Haut, Hyperaktivität, Irritierbarkeit, Nervosität, Akne, Haarausfall, Anämie, Arthritis, Cheilosis, Konjunktivitis, prämenstruelles Syndrom, Müdigkeit, schlechte Wundheilung, Krampfanfälligkeit (Epilepsie), Stomatitis und mangelnde Traumerinnerung.
- *Vitamin C:* Fast jeder Körper weist zu wenig Vitamin C auf. Es hilft sehr gut bei Infektionen aller Art, Zahnfleischbluten, Zahnverlust, Parodontose, Müdigkeit, gestörter Wundheilung, Depressionen, bei Schwermetallbelastungen, rheumatischen Erkrankungen, Vitamin-C-Mangel durch Rauchen und Verstopfung.
- *Zink:* Acne vulgaris, Anämien, Ekzeme, Wundheilungsstörungen, Verbrennungen, Psoriasis, Haarausfall, Infektionsanfälligkeit, Diabetes mellitus, Prostataerkrankungen, Wachstums- und Fertilitätsstörung, Corpus-luteum-Insuffizienz, Impotenz, Gewichtsregulierung (Fettleibigkeit), weiße Flecken auf den Fingernägeln, Geruchs- und Geschmacksverminderung, Arthritiden, Alkoholismus, Postpartum-Depressionen, zu hoher Kupferspiegel durch Östrogen, Pille, Spirale; bestimmte Psychosen, Hyperaktivität und Schwermetallbelastungen.

Vor allem in Stresssituationen sollten Sie Ihrem Körper Nährstoffe zuführen.

Wie bekomme ich die Nährstoffsupplemente?

Einige Mediziner empfehlen die zusätzliche Einnahme wichtiger Vitamine, Mineralstoffe oder Spurenelemente – je nach persönlichem Krankheitsbild. Doch in den meisten Fällen zahlt die Krankenkasse nichts und Sie müssen diese Zusatztherapie auf eigene Kosten berappen. Sie können sich selbst mittels geeigneter Fachlektüre informieren, welche der Nährstoffe laut persönlichem Krankheitsbild speziell für Sie günstig sind. Apotheken führen ein reichhaltiges Angebot, aber auch Reformhäuser bieten Nährstoffsupplemente an. Achten Sie darauf, dass Sie Nährstoffe kaufen, die aus natürlichen Substanzen hergestellt wurden, auch wenn diese etwas teurer sind als die künstlich fabrizierten.

Wählen Sie Nährstoffe, die aus natürlichen Substanzen hergestellt wurden.

Nährstoffergänzung bei Candidiasis

Candida albicans ist ein Hefepilz, der in kleinen Gruppen auf der Haut, im Mund, in der Scheide oder im Dickdarm in einem gesunden Gleichgewicht mit anderen Pilzen und Bakterien lebt. Nimmt er überhand, dann löst er eine chronische Candidiasis aus, die durch eine Krankheit, eine Störung des Immunsystems, die Pille oder übermäßige Antibiotikaeinnahme hervorgerufen worden sein könnte. Symptome einer Candidiasis sind Blähungen, Darmkrämpfe, Verstopfung, Gelenkschmerzen, Müdigkeit, Antriebslosigkeit, Reizbarkeit, Nagel- und Hautinfektionen, wiederholte Infektionen der Harnwege oder der Scheide, häufige Kopfschmerzen. Der Arzt verschreibt normalerweise Nystatin zur Behandlung, doch dieses Präparat senkt die Vitamin-B-Werte (vor allem B_2 und B_6).

Zur Nährstoffergänzung sollten Sie deshalb zusätzlich täglich 1–2 g Vitamin C einnehmen, 10 000 IE Vitamin A, 50–100 mg Vitamin B_6, einen Vitamin-B-Komplex, der je 5 mg Thiamin, Riboflavin, Niacin und Pantothensäure enthält und 0,4 mg Folsäure, denn das stärkt die gesunde Immunabwehr im Körper, und 30–60 mg Zink zusammen mit 2–4 mg Kupfer. Essen Sie regelmäßig viel Knoblauch, Zwiebeln und grünes Blattgemüse, das hemmt das Wachstum des Candida-Pilzes.

Power-(Buddha-)Armbänder

Viele Prominente (Richard Gere, Madonna und viele andere) tragen mit Begeisterung schon längere Zeit diese Power- oder Buddha-Armbänder und schwören auf ihre positive Wirkung. Diese Armbänder haben ihren Ursprung bei den tibetischen Malas (Gebetsketten). Power-Armbänder werden direkt am Handgelenk und somit in Pulsnähe getragen. Durch die Kraft der Steine können sie viel bewirken (siehe auch den Abschnitt über Heilsteine). Traditionell werden folgende Heilsteine bei Power-Armbändern verwendet:

Power-Armbänder werden direkt am Handgelenk und somit in Pulsnähe getragen.

- *Aventurin* für Erfolg und Karriere
- *Bergkristall* für Heilkraft und mehr Stärke
- *Bilderjaspis* für mehr Verständnis
- *Calcedon* für mehr Entspannung
- *Howlith* (weiß) für mehr Einfallsreichtum
- *Jade* (gelb) für mehr Energie
- *Karneol* für Abwehrkraft, Liebe und Mut
- *Malachit* für mehr Einfallsreichtum
- *Perlmutt* für Geldzuwachs
- *Rosenquarz* für mehr Liebe
- *Tigerauge* bei Ärger und für mehr Kreativität
- *Türkis* für mehr Geldzuwachs

Die Farben der Heil- und Edelsteine verraten auch viel über ihre Wirkung:

- *Rot* bedeutet Lebenskraft und Energie. Diese Farbe aktiviert und vitalisiert, schenkt Wärme, Kraft und Mut.
- *Rosa* ist die Farbe der Sanftheit und Zärtlichkeit. Sie verbreitet Schönheit und Harmonie.
- *Orange* wirkt immer erneuernd und belebend. Sie weckt die Freude an sinnlichen Genüssen.

- *Gelb* vermittelt Leichtigkeit und Fröhlichkeit, fördert die mentale Aktivität und Kommunikation.
- *Gold* schenkt ein Gefühl der Fülle, Glanz und lichtvolle Wärme.
- *Grün* beruhigt, harmonisiert und fördert die Regeneration.
- *Hellblau* schenkt Inspiration und das Gefühl von innerer Freiheit.
- *Dunkelblau* gibt Ruhe und Konzentration.
- *Violett* ist die Farbe der Transformation, der Spiritualität und Meditation.
- *Weiß* symbolisiert Reinheit und Vollkommenheit.
- *Braun* vermittelt das Gefühl der Verwurzelung und schenkt Standfestigkeit.
- *Schwarz* öffnet den Blick nach innen, in die Tiefen der Seele.

Das Tragen mehrerer Armbänder gleichzeitig vermindert die Wirkung nicht.

Besonders praktisch: Sie können mehrere Armbänder gleichzeitig tragen. Power- oder Buddha-Armbänder gibt es in vielen Geschäften, aber auch in Esoterikläden. Preisniveau je nach Heilstein ab € 7,50 aufwärts. Wer kein Geschäft in der Nähe hat, siehe Bezugsquellen im Anhang des Buches.

Rituale und Hexenkunst

Gute Hexen hat es schon immer gegeben. Sie helfen, Krankheiten zu heilen, und sie aktivieren positiv Menschen in schwierigen Lebenssituationen, sie stimmen das Schicksal günstig und praktizieren eine Menge Rituale, die altem Wissen entsprungen sind. Bis zum 15. Jahrhundert wurden die Hexen vom Volk verehrt; danach zu Tausenden verfolgt, gefoltert und verbrannt, weil die Kirche keinen anderen Glauben neben sich dulden wollte. Doch die Zeiten haben sich gewandelt: Heute kann man schon E-Mails an Internet-Hexen schicken oder beim Hausbesuch ihre magischen Kräfte in Anspruch nehmen.

Hexen arbeiten mit magischen Ritualen.

Eine gute Hexe sollte viel über Naturheilkunde wissen, aber auch andere esoterische Disziplinen beherrschen (wie Astrologie, Numerologie oder Chirologie). Viele verwenden die Tarotkarten als zusätzliches Informationsinstrument, doch manche helfen einfach nur durch Gespräche und Beschwörungen in finsteren Seelenkonflikten.

Astrologisch erkennt man Hexen schon am Geburtshoroskop. Besitzen Sie vielleicht einen *Pluto-Venus*-Aspekt oder stehen bei Ihnen viele Planeten im vierten, achten oder zwölften Haus? Na, dann ist schon viel Talent vorhanden. Wer individuelle Rituale für sich selbst praktizieren möchte, kann sich an mich wenden.

Zum Schluss noch ein Ritual für die Jungfrau: Auf der ständigen Suche nach Zufriedenheit und Glück wählen wir uns meistens den falschen Partner aus. Wir folgen zu oft dem *Nein*. Doch eigentlich ist das *Ja* der richtige Begleiter zu unserer Mitte, zu mehr Glück und Freude im Alltag. Sie können dieses Ja in sich selbst aktivieren. Bauen Sie sich einen kleinen

Glücksaltar. Er sollte Richtung Süden stehen. Legen Sie darauf alle Utensilien, die Sie an Glück erinnern (Fotos, kleine Geschenke von lieben Menschen, Bilder von heiteren Menschen). Stellen Sie einen schönen Blumenstrauß oder -stock darauf und ein paar Kerzen in einer Farbe, die für Sie Glück ausstrahlt. Für den einen mag es *Gelb* oder *Gold* sein, für den anderen ein schönes *Rosa* oder *Rot*. Wenn Ihr Alltag hektisch und von Sorgen beladen war, sollten Sie vor Ihrem Altar sitzend oder liegend meditieren und das Ja in sich selbst suchen. Ja heißt vertrauen, heißt fließen, heißt lieben, heißt annehmen, heißt akzeptieren. Nein bedeutet immer Ablehnung, Zweifel. Nein blockiert, isoliert und führt zum Stillstand. Überlegen Sie, dass auch die Natur nur funktioniert, weil sie Ja sagt.

Beginnen Sie den Tag doch einmal mit einem Ritual für Glück und Zufriedenheit.

Spielen Sie in Gedanken Alltagsszenen durch, wo ein Ja von Ihrer Seite vieles zum Positiven verändert hätte. Wann immer Sie im Alltag nahe daran sind, den Kopf zu schütteln oder Nein zu sagen, halten Sie erst mal kurz inne. Probieren Sie es stattdessen mit einem Ja. Anfangs wird es sich nur zögerlich melden, doch allmählich wird das Ja in Ihnen an Kraft und Überzeugung gewinnen. Kämpfen Sie nicht mit dem Nein, ignorieren Sie es einfach, dann wird es mit der Zeit immer schwächer. Und diese Energie kommt Ihrem Ja zugute.

Übrigens: Eine Erdenergie-Hexe wie Sie braucht in Ihren Ritualen viele Wurzeln, Mineralien, Pflanzen oder Räucherungen mit Hölzern und Gräsern (Bezugsquellen siehe »Amulette« im Anhang), damit diese auch gut gelingen. Weitere Hexentipps finden Sie jährlich in »Sibyllas Hexenkalender«. Ja, das Leben ist wirklich schön!

Spagyrische Heilweise

Da den Jungfrau-Geborenen alle psychosomatischen Prozesse und deren Heilung mit homöopathischen Essenzen zugeordnet sind, empfiehlt sich auch diese Heilweise für Sie.
Fast immer liegt jeglicher Krankheit eine die Selbstheilkräfte lähmende Stoffwechselvergiftung zugrunde. Die Spagyrik ist eine ganzheitliche Heilkunde für Mensch und Tier. Spagyrik und Alchemie sind untrennbar verbunden; die Alchemie ist wiederum untrennbar mit kosmologischem Wissen vereint (Astrosophie oder Kosmologie). »Spagyrik« bedeutet »trennen und verbinden«. Deshalb wird die ganze Heilpflanze samt Wurzeln zuerst in ihre »Grundprinzipien« zerlegt; diese werden dann gereinigt und schließlich wieder zum spagyrischen Heilmittel zusammengefügt. Die Arzneigrundstoffe kommen aus dem Mineralreich, dem Pflanzenreich und der animalischen Schöpfung. Hier einige Heilmittel der Firma Soluna, Donauwörth (die Adresse finden Sie im Anhang):

Die Heilmittel kommen aus dem Mineral-, Pflanzen- und Tierreich.

- *Nr. 1 Alcangrol:* Stoffwechselerkrankungen, Geschwüre, Geschwülste
- *Nr. 2 Aquavit:* Tonikum zur Rekonvaleszenz, bei Schwächezuständen
- *Nr. 3 Azinat:* abwehrstärkend, bei Entzündungen, Fieber, Infektionen, Gelenkrheumatismus
- *Nr. 4 Cerebretik:* sedierend auf das Zentralnervensystem, bei Schlafstörungen
- *Nr. 5 Cordiak:* Herz-Kreislauf-Erkrankungen
- *Nr. 6 Dyscrasin N:* ausleitend über die Haut, zur Stoffwechselreinigung, bei Akne, Ekzemen, Skrofulose
- *Nr. 7 Epidemik:* immunstärkend, bei Infektionen, Fieber, Gelenkrheumatismus

- *Nr. 8 Hepatik:* Erkrankungen der Leber und Gallenblase, ausleitend
- *Nr. 9 Lymphatik:* Erkrankungen des Drüsensystems, ausleitend
- *Nr. 10 Matrigen I:* Frauenleiden, Dysmenorrhö, krampfhafte Regelblutung
- *Nr. 11 Matrigen II:* retardierend bei Frauenleiden, Ruhr
- *Nr. 12 Ophthalmik:* Augenerkrankungen
- *Nr. 14 Polypathik:* spasmolytisch, krampfhafte Zustände, seelisch-geistige Verspannungen
- *Nr. 15 Pulmonik N:* Erkrankungen der Atemwege, Lungenentzündung, Bronchialasthma
- *Nr. 16 Renalin:* Erkrankungen des Nieren- und Blasensystems, ausleitend
- *Nr. 17 Sanguisol:* Herzschwäche; für Muskeln, Nerven, Augen; bei Depressionen, niedrigem Blutdruck, Appetitlosigkeit
- *Nr. 18 Splenetik:* Immunstärkung durch Unterstützung der Milz; bei Blasen- und Nierensteinen, Gicht; schleimlösend, ausleitend
- *Nr. 19 Stomachik I:* akute, nichtentzündliche Magen- und Darmstörungen, Meteorismus, Roemheld-Syndrom
- *Nr. 20 Stomachik II:* chronische, entzündliche Magen- und Darmstörungen
- *Nr. 21 Styptik N:* bei akuten Beschwerden, Durchfall, Ruhr, Blutungen; festigend, adstringierend, blutstillend
- *Nr. 22 Strumatik I:* Drüsensystem, Schilddrüse, Spezialmittel gegen Kropf
- *Nr. 23 Strumatik II:* Drüsensystem, Spezialmittel gegen Kropf
- *Nr. 24 Ulcussan A:* akuter und chronischer Magen- und Darmkatarrh

Auf diese feinstoffliche Heilmethode sprechen Jungfrauen besonders gut an!

Es gibt auch noch Azinat- und Alcangrol-Salbe sowie Azinat-Öl I und II.

Zum Schluss noch einige Heilmittelempfehlungen:

- *Depressionen*: Sanguisol – Splenetik
- *Klimakterium*: Matrigen I – Matrigen II – Cerebretik
- *Neuralgien*: Polypathik N – Azinat-Öl I
- *Obstipation*: Stomachik I – Hepatik

Wie bekomme ich spagyrische Heilmittel?

Viele Heilpraktiker und Ärzte verordnen inzwischen spagyrische Heilmittel. Doch man kann die Präparate auch selbst in der Apotheke bestellen. Die Tropfen liegen trotz aufwändiger und liebevoller Zubereitung im angenehmen Preisniveau von ca. € 13,– pro Flasche. (Buchtipps und Kontaktadressen finden Sie im Anhang.)

Spagyrische Heilmittel bekommen Sie auch in der Apotheke.

Suggestionstechnik

Selbstsuggestion hilft Jungfrauen, die Botschaften ihres Körpers zu verstehen.

Als Jungfrau-Mensch sind Sie sensibler, als es nach außen hin den Anschein hat. Kraft ihres wachen Verstands ist es für Sie jedoch leicht möglich, gesundheitliche Störungen bei sich selbst tiefer zu analysieren und die Botschaft der Krankheit herauszuschälen. Auch benötigen Sie gewisse Rituale in Ihrem Leben, die Ihnen eine innere Festigkeit vermitteln. Ein sehr heilendes Ritual für alle Jungfrau-Geborenen, die unter seelischen oder körperlichen Störungen leiden, ist die Selbstsuggestion.

Schon vor 80 Jahren empfahl der wohl bedeutendste Suggestionstherapeut, der Apotheker Emil Coué in Nancy, den körperlich oder seelisch Kranken, folgenden Satz ständig zu wiederholen:

Jeden Tag und in jeder Hinsicht geht es mir besser und besser!

Coué hatte an diesem einfachen Satz viele Jahre gefeilt, bis die Worte seiner Meinung nach die größte Heilkraft entfalteten. Der Erfolg war überwältigend. Zwanzig- bis dreißigmal am Tag sollten Sie diese Formel wiederholen, wie ein Gebet, ein Mantra, eine Zauberformel.

Als vorteilhaft hat sich auch das *OM* erwiesen, denn unsere Schöpfung hat ihren Ursprung im Klang *OM*. Singen Sie dieses *OM*, so lange es geht, bis kein Atem mehr in Ihnen ist. Außerdem ist es ganz wichtig, dass Sie nicht sagen: »Es wird mir von Tag zu Tag besser gehen.« Nein! Sie sollen sich keine Zukunftshoffnung suggerieren, sondern es sich zur Bedingung machen, dass es Ihnen von Tag zu Tag besser geht.

Auf keinen Fall dürfen Sie bei der Selbstsuggestion Ihren Wil-

len einschalten, denn der erreicht meist das Gegenteil Ihrer Anstrengungen, so Coué. Es heilt nicht der Willensakt, sondern immer nur die Macht der Vorstellung.
Jede Suggestion (= Eingebung, Einflüsterung, Rat) verläuft in drei Schritten:

1. Sie stellen sich eine Veränderung vor.
2. Die Verwirklichung dieser Vorstellung geschieht, bleibt Ihnen aber vorerst verborgen.
3. Die Veränderung offenbart sich Ihnen, wird bewusst.

Der Suggestionsforscher Charles Baudouin hat diese Gesetze der Suggestion wie folgt formuliert:

Nicht der Wille heilt, sondern die Macht der Vorstellung.

1. *Das Gesetz der angespannten Aufmerksamkeit:* Um eine Suggestion zu bewirken, muss unser Gedanke Gegenstand einer alles andere ausschließenden, konzentrierten Aufmerksamkeit sein.
2. *Das Gesetz der umgewandelten Anstrengung:* Wenn mein Gedanke eine Suggestion ausgelöst hat und ich versuche, bewusst dagegen anzukämpfen, so wird diese Suggestion sogar noch gefördert und gestärkt.
3. *Das Gesetz der Erregung:* Die meisten Aussichten auf suggestive Verwirklichung einer Vorstellung liegen vor, wenn eine emotionale Erregung dieses Bild begleitet.
4. *Das Gesetz des Beispiels:* Die Suggestion wird verstärkt, wenn Sie das Beispiel anderer vor Augen haben, bei denen die Suggestion wirkt.
5. *Das Gesetz der unbewussten Zielstrebigkeit:* Ein Bild, das ich suggeriere, ist »intelligent«. Es wirkt in mir zwar unbewusst, aber zielgerichtet, bis es Gestalt annimmt.

Bauen Sie dieses Ritual in Ihren Alltag ein. Dann geht es Ihnen von Tag zu Tag und in jeder Hinsicht immer besser und besser.

Tarot und I Ging

Die Karten und Münzen können neue Wege weisen.

Kennen Sie schon die Tarotkarten? Ein schönes geistiges Hobby, das Sie leicht selbst erlernen und praktizieren können und das auch Geist und Seele sehr gut tun wird. Über den Ursprung des Tarot scheiden sich die Geister. Einige glauben, es habe sich aus den Schafgarbenstängeln des chinesischen *I Ging* entwickelt; andere meinen, sein Ursprung sei im Buch *Thot* zu finden. Wieder andere sagen, dass Tarot im alten Ägypten entstanden und im 14. Jahrhundert von den Zigeunern nach Europa gebracht worden sei. Sie können die Tarotkarten einerseits zum Wahrsagen benutzen, doch Sie können sie auch, vor allem die *Großen Arkanen,* als Weg zur spirituellen Entwicklung für sich verwenden.

Wer sich für Tarot interessiert, braucht nicht unbedingt einen Kurs zu besuchen. Ein gutes Buch für Anfänger samt der Karten und etwas Zeit und Interesse genügen.

Nach astrologischer Überlieferung ist der Jungfrau die Karte *VI: Die Liebe(nden)* zugeordnet; nach kabbalistischer Überlieferung die Karte *X: Das Glücksrad (Rad des Schicksals).* Das Tarotdeck, das ich der Jungfrau empfehlen kann: *Der Weg der Medizinfrau* (Bezugsquellen im Anhang)!

Auch ein anderes Weissagungsbuch wäre für Sie als Jungfrau empfehlenswert: I Ging, das »Buch der Wandlungen«. Es antwortet Ihnen auf entscheidende Fragen des Lebens, denn in den 64 Hexagrammen oder »Bildern« zeigt sich eine geniale Weltformel. Man nimmt drei Münzen, stellt sich innerlich die Frage und wirft sechsmal hintereinander. Schrift gilt als Yin und zählt 2, Bild gilt als Yang und damit 3. Hieraus ergibt sich dann die Linienfolge. Ihre Antwortlinien, die Sie aufgezeichnet haben, sind in jedem Buch über I Ging aufgeführt.

Traumdeutung

Wir pflegen unseren Körper, waschen und cremen ihn ein, doch um unsere Seele kümmern wir uns nur in Problemzeiten. Um die Seele dauerhaft gesund zu erhalten, ist es ganz wichtig, die nächtlichen Traumerlebnisse möglichst bald nach ihrem Auftreten zu deuten, damit sich kein innerer »Stau« bildet. Unser Seelenleben umfasst drei Bereiche: das *Ich* (unser Bewusstsein), das *Überich* (unser Gewissen) und das *Es* (unser Unbewusstes). Wesentliche Impulse, die unser Denken, Fühlen und Handeln bestimmen, stammen aus dem unbewussten Bereich, in den wir alle Enttäuschungen, negativen Gefühle und schlechten Erfahrungen verdrängen. Unterdrückte Gefühle erzeugen jedoch Ängste, Vorurteile und Krankheiten oder bestimmen unbewusst Denken und Handeln. Wenn wir nichts über unser Unbewusstes wissen, dann werden wir keine Selbsterkenntnis erlangen. Und wer keine Selbsterkenntnis besitzt, wird ein wesentliches Grundbedürfnis niemals befriedigen können: die *Selbstverwirklichung*!

Träume sind Botschaften der Seele.

Eine tief greifende Wandlung in der Traumdeutung vollzog der Psychiater C. G. Jung (1875–1961), der über das Individuelle wieder ins Universelle (kollektive Unbewusste) vordrang. Er wies nach, dass in unseren Traumsymbolen uralte menschliche Seelenbilder (Archetypen) herrschen. Der Traum verrät also nicht nur Botschaften und dient der Reinigung der Seele. Er kann uns sogar warnen, er will und kann Böses oder Negatives abwehren, auf kommende Ereignisse, Möglichkeiten oder Chancen hinweisen. Sie sollten sich auf jeden Fall ein gutes Traumdeutungslexikon zulegen (siehe Buchtipps im Anhang).

Träumen Sie beispielsweise von *Ameisen,* dann kann dies

manchmal auf Störungen Ihres Nervensystems hindeuten. Treten diese Träume öfters auf, wäre eine ärztliche Untersuchung empfehlenswert. Eine Ameise kann aber auch als Hinweis betrachtet werden, jetzt fleißiger als bisher zu sein. Ameisen am eigenen Körper im Traum zu sehen, verheißt Glück und Erfolg. Werden Sie im Traum von einer Ameise gezwickt, sollten Sie eine berufliche Chance beim Schopf packen. Treten Sie in einen Ameisenhaufen, dann provozieren Sie durch Ihr ungeschicktes Verhalten bald viel Verdruss!

Träume können wichtige Zukunftsvisionen enthalten.

Träumen Sie beispielsweise von *Käfern,* dann will Ihnen dieses kleine Tier das Auf und Ab im Leben, Ihren Erfolg oder Misserfolg zeigen – je nach restlicher Traumhandlung. Träumen Sie von einem Skarabäus, dann prophezeit er Ihnen eine Art »Auferstehung« oder einen »Neubeginn« in Ihrem Leben. Sehen Sie einen Käfer im Traum, heißt das für Sie, bescheidener als bisher zu sein, wenn Sie weiterhin bei Ihren Mitmenschen beliebt sein möchten. Töten Sie einen Käfer, dann droht Ihnen ein Misserfolg!

Ein Tipp: Sie können das eigene Traumleben am besten wieder aktivieren, indem Sie eine grundsätzlich freudige Erwartungshaltung einnehmen. Sie dürfen gespannt sein, was Ihnen Ihre Seele alles mitzuteilen hat. Wer sich an seine Traumbilder nicht mehr erinnern kann, dem kann mit Vitamin B_6 geholfen werden. Und wer Bach-Blüten einnimmt, wird bald eine Aktivierung des Traumlebens bemerken. Legen Sie sich vorsichtshalber Stift und Papier auf das Nachtkästchen und notieren Sie gleich nach dem Traum einige Stichpunkte daraus. Sie werden sehen: Am nächsten Tag steigt die Erinnerung daran wieder ganz auf und Sie können sich mithilfe eines guten Traumlexikons an die Deutung machen!

Wasser mit heilender Energie

Als Jungfrau-Persönlichkeit sind Sie empfänglich für Verdauungsstörungen, Darmbeschwerden oder Darmpilze. Die Entgiftung Ihres Körpers spielt demnach eine sehr heilende Rolle. Deshalb ist Wasser in allen Formen für Sie sehr wichtig. Doch es gibt lebendes und krankes Wasser, harmonisch schwingendes und disharmonisches, wissendes und unwissendes Wasser. Unser menschlicher Körper besteht zum Großteil aus Wasser. Und ohne Wasser können wir nicht leben. Doch es gibt große Unterschiede in der Qualität des Trinkwassers. Die meisten Menschen löschen Ihren Durst ohnehin nur selten an der Wasserleitung in der Küche, sondern trinken Mineralwasser. Doch auch hier ist das Angebot mehr als verwirrend. Im Laufe meines Lebens habe ich außer Volvic, Spa und dem Haderheckwasser noch zwei verschiedene Wässer gefunden, die erstaunliche Heilwirkungen bei Dauergebrauch erzielten:

Trinken Sie täglich mindestens zwei Liter Wasser.

Das Bernadett-Hechtl-Sauerstoffwasser

Die Firma Herrnbräu hat ein Wasser im Handel, das mit reinem, natürlichem Sauerstoff versetzt wird. Auskunft über bundesweite Bezugsquellen in Ihrer Nähe (in Bayern meistens bei der Firma Orterer-Getränkehandel erhältlich) erteilt die Firma Herrnbräu Bürgerliches Brauhaus AG (Adresse siehe Anhang).

Das Grander-Wasser

Johann Grander entwickelte eine Technologie zur Wasserbelebung. Wasser hat eine besondere Kraft, die durch Umwelteinflüsse und den Transport in Druckleitungen verloren geht. Durch den Kontakt mit Grander-Informationswasser kann es die eigene Urkraft und Ordnung wieder aufbauen, sich regenerieren und sein Selbstreinigungsvermögen stärken. Das auf diese Weise belebte Wasser entwickelt Eigenschaften, die in der Natur selbst nur noch wenige Wässer aufweisen. Die Belebung erfolgt durch Geräte, die mit Informationswasser gefüllt sind und entweder in die Wasserleitung eingebaut oder direkt ins Wasser getaucht werden (Auskunft über Bezugsquellen erhalten Sie im Anhang).

Reines Wasser ist zur Entgiftung des Körpers unerlässlich.

Wohlfühltag(e)

Um Ihr körperlich-geistig-seelisches Gleichgewicht zu finden oder zu aktivieren, brauchen Sie alle vier Elemente: Sie sollten sich aktiv bewegen *(Feuer)*, sich einige Zeit in frischer Luft aufhalten *(Luft)*, auf natürlichem Boden – keinem Asphalt – gehen *(Erde)* und Sie sollten sich reinigen und entspannen *(Wasser)*. Wenn Sie diese vier Elemente in Ihr Tagesprogramm mit einbauen können, stärken Sie Ihre körperliche, geistige und seelische Vitalität am besten.

Sie benötigen ein ausgewogenes Verhältnis aller vier Elemente, um ausgeglichen zu sein.

Für Ihr persönliches »Wohlfühlprogramm« wäre allerdings eine regelmäßige *Meditation* heilsam, denn Ihr Geist (Ihr Herrscher *Merkur*) ist überaktiv, und das kann wiederum Ihre Seele zu sehr belasten oder in Aufruhr versetzen. Es gibt zahlreiche Meditationstechniken, doch für den Anfänger passt die klassische Methode nach dem Lehrbuch »Yoga Sutra« des Weisen Pantanjali wohl am besten. Noch vor dem Frühstück und am späten Abend ist die günstigste Zeit dafür. Gehen Sie in einen ruhigen, leicht abgedunkelten Raum, stellen Sie das Telefon ab. Lockere Kleidung (Trainingsanzug) wäre ideal. Sitzen Sie bequem (im Lotussitz oder auf einem Stuhl) und zünden Sie in zwei Meter Entfernung eine Kerze an. Wer will, kann auch noch ein Räucherstäbchen abbrennen.

Konzentrieren Sie sich jetzt auf die Kerzenflamme. Atmen Sie ganz bewusst ein, und aus und sprechen Sie im Atemrhythmus die Silbe *OM*, deren Klangschwingung göttliche Kraft zugeschrieben wird. Versuchen Sie, Ihre Gedanken abzustellen, auch wenn das anfangs nicht so leicht sein wird. Sobald neue Gedanken und Probleme auftauchen, konzentrieren Sie sich einfach wieder auf die Kerzenflamme und das *OM*. Sprechen Sie dieses Mantra laut oder nur in Gedanken mit.

Wer jeden Tag 20 Minuten meditiert, stärkt seine Heilungsenergien enorm. Meditation ist »das Aufsteigen zu einem höheren Bewusstsein durch Versenken in den Prozess der Verinnerlichung«, steht in einem Lexikon. Die US-Zellbiologin Dr. Joan Borsysenko sagt: »Meditation ist durch den gewonnenen inneren Frieden der beste Weg zur Heilung« (gelesen im Buch von Robert Sebastian: »Die neuen Heiler«, Herbig Verlag).

Wohlfühltage in der Natur verbunden mit Meditation verstärken den Entspannungseffekt.

Und wer für die Wohlfühltage verreisen möchte, findet im »Magazin für Reisen in die Natur« (Verträglich Reisen) reichlich Angebote zum Faulenzen, Radeln oder Wandern. Naturkostläden haben diese Prospekte oft vorrätig, aber auch Bahnhofsbuchhandlungen.

Oder wie wäre es mit *Aqua-Jogging* oder *Aqua-Aerobic*? Für Erdzeichen wie Sie wäre ein bisschen Bewegung im Wasser äußerst heilsam. Aqua-Jogging heißt: Durch das Wasser laufen und Aqua-Aerobic sind Körperübungen mit Musik. Beide Sportarten machen nicht nur Spaß und helfen Ihnen, fit zu bleiben. Aqua-Jogging gilt beispielsweise als medizinisch wertvoll und wird heute dementsprechend als Therapie für alle Arten von Rheuma, bei körperlichen Behinderungen und in der Rehabilitation mit Erfolg eingesetzt.

Ich wünsche Ihnen sehr viel Freude bei Ihren Wohlfühltagen!

Zahlenmagie

Die 5 ist eine Symbolzahl des Planeten *Merkur*. Sie wird in der Astrologie den Tierkreiszeichen *Zwillinge* und *Jungfrau* zugeordnet. Für eine Jungfrau wie Sie ist die 5 eine Glückszahl, aber auch für Menschen, die ihren Aszendenten oder Planeten in diesen Zeichen haben oder in deren Geburtshoroskop das dritte oder sechste Haus betont ist. Auch auffällige *Merkur*-Aspekte weisen auf diese Zahl hin!

Menschen, denen die Zahl 5 zugeordnet wird, sind vielseitig begabt.

Ihre Persönlichkeit

5er-Menschen sind lebhaft und beweglich, und das zeigt sich auch in ihrem Auftreten oder Zugehen auf andere. Diese Persönlichkeiten sind äußerst vielseitig begabt, lebendig und intelligent. Menschen mit der 5 erreichen ihre Ziele am ehesten durch ihren starken Glauben und ihre starken Wünsche. Sie lieben die Abwechslung, sowohl Veränderungen in privaten Bindungen, Tapetenwechsel, Umzüge, Reisen, aber auch in ihren Überzeugungen.

5er-Persönlichkeiten wie Sie sind besonders geeignet, Verhandlungen zu führen und Lösungen zu finden. Viele Dinge scheinen Ihnen ganz leicht von der Hand zu gehen; dafür sind Ihnen andere Menschen bisweilen sogar neidisch. Trotzdem ist Ihr Innenleben höchst anfällig, doch das bemerkt kaum jemand. Ihre Neigung zum zwanghaften Analysieren sollten Sie etwas zügeln, denn Liebe hat nichts mit Logik zu tun. Das erschwert es für Sie, auf Ihre Gefühle und Intuitionen zu hören. Manchmal sind Sie auch mit langsameren Menschen höchst ungeduldig und werden dann auch ungemütlich.

Die 5er-Persönlichkeit ist meist sehr lebhaft, redebegabt und geistig wendig, denn ihrer Aufmerksamkeit entgeht kein kleines Detail. Schlagfertig und schnell reagiert sie auf jede Situation und meistens besitzt sie auch eine gute Menschenkenntnis. Sie eignet sich sehr für eine Tätigkeit in den Medien oder im Verkauf, für eine Reisetätigkeit, für die Werbung, die Verlags- oder Öffentlichkeitsarbeit, die Arbeit am PC oder im schreibenden Spektrum. Viele sind die geborenen Kaufleute, manche davon sogar Spekulanten und einige fühlen sich im Bank- und Börsenwesen förmlich zu Hause.

5er-Menschen sind sehr höflich und andere suchen ihre Gesellschaft.

Als 5er-Mensch sind Sie fast immer höflich und manchmal sogar äußerst charmant. Das macht Sie bei anderen sehr beliebt und man ist gern in Ihrer Gesellschaft. Leider können Sie Fehler auf keinen Fall ignorieren, weder bei sich selbst noch bei anderen. Manchmal verstehen Sie sich selbst nicht. Dann reagieren Sie hypersensibel und kurz darauf suchen Sie wieder nach aufregenden Erlebnissen. Diese innere Unruhe wirkt sich negativ auf Ihre Nerven aus, denen Sie mehr Ausgleich und Harmonie gönnen sollten.

Als 5er haben Sie ein gut entwickeltes Gespür für neue Ideen und sind auch bereit, Risiken einzugehen. Das probieren einige sogar beim Glücksspiel aus, doch dann sollten Sie nur mit Ihren persönlichen Zahlen spielen, die sich aus Geburtstag, kompletter Geburtszahl und Namenszahl errechnen lassen. Anleitungen dazu finden Sie im Buch »Zahlenmagie«.

Den meisten fehlt es jedoch an der nötigen Ausdauer, denn Sie sind manchmal auch leicht reiz- und entflammbar. Setzen Sie Ihre angeborene Menschenkenntnis besser ein, denn oft wählen Sie sich die unpassenden Freunde und Berater aus. Sie lieben Geselligkeit mit anderen und kommen sehr schnell mit unterschiedlichsten Persönlichkeiten ins Gespräch. Buchtipps zur Zahlenmagie finden Sie im Anhang und im folgenden Kapitel kommen Sie noch mal numerologisch »auf Ihre Kosten«.

Zukunft: Ihr persönliches Jahresschicksal

»Alles hat seine Stunde,
und es gibt eine Zeit für jedes Vorhaben
unter dem Himmel ...«

(DAS BUCH PREDIGER, KAP. 3, V. 1)

Der Ursprung der Zahlen ist relativ unbekannt, doch es steht fest, dass schon Hermes Toth *(Merkur)* vor vielen Äonen, ja schon vor Atlantis sehr viel über sie gewusst hatte. Die alten Chaldäer, Ägypter, Hindu, Essener und auch die Weisen der arabischen Welt waren Meister in der Erkenntnis um die verborgene Bedeutung der Zahlen. Einige dieser Erleuchteten entdeckten, dass die Bewegung der Erdachse um den Pol der Ekliptik nur alle 25 850 Jahre stattfinden kann. Man wundert sich noch heute, wie sie diese Berechnungen ohne Instrumente mit derartiger Genauigkeit durchführen konnten. Manche Dinge auf dieser Welt wird man nicht enträtseln können. Man muss sie einfach akzeptieren in der Gewissheit, dass sich die Antworten zur rechten Zeit schon einstellen werden.

Astrologie und Numerologie liefern nützliche Hinweise bei der Erforschung Ihrer Persönlichkeit.

Mithilfe der *Numerologie* (das chaldäisch-hebräische kabbalistische numerische Alphabet) können Sie relativ schnell Ihr persönliches Jahresschicksal errechnen. Obwohl Astrologie und Numerologie eng miteinander verbunden sind, ist die Astrologie doch Königin der Geheimwissenschaften und kann noch viel detaillierter als die Numerologie Auskunft über günstige Zeitqualitäten, Wachstumsmöglichkeiten oder schwierige Entwicklungen geben. Aber das kostet Zeit und Geld.
Zwar gibt es schon längst preisgünstige Computer-Software, die astrologische Jahresanalysen erstellen können, doch ein Computer ist natürlich eine Maschine und kann den Menschen hinter dem Geburtsdatum nicht als ganze Persönlichkeit erfassen.
Falls Sie sich tiefer mit der Materie beschäftigen wollen, als es mit einem Computer möglich ist, dann sollten Sie einen seriösen und guten Astrologen aufsuchen. Fragen Sie diesen ruhig, wie und wo er sein Studium abgeschlossen hat und wie lange er schon praktiziert. Nur so können Sie sich von allen unseriösen Beratern abgrenzen. Ein guter Astrologe muss eigentlich

keine Zeitungsinserate schalten. Er lebt von Stammkunden und deren Empfehlung. Fallen Sie nicht auf die »Multigenies« herein, die überall inserieren: Astrologie, Kartenlesen, Magie, Handlesen und vieles mehr. Derartige Berater müssten eigentlich so um die 80 sein, wenn sie all diese Praktiken ernsthaft studiert haben wollen. Wenn Sie Genaueres gar nicht wissen möchten oder im Moment dafür kein Geld zur Verfügung haben, dann probieren Sie doch die für Sie kostenlose und leicht zu erlernende Methode der *Numerologie* aus.

Numerologie ist einfach zu erlernen.

Ihre Jahres- oder Ereigniszahl

Sie finden Ihre aktuelle Jahres- oder Schicksalszahl, indem Sie die Jahreszahl in Ihrem Geburtsdatum durch das jeweils laufende Kalenderjahr ersetzen.

So können Sie Ihre aktuelle Jahres- oder Schicksalszahl errechnen.

Ein Beispiel: Sie sind am 22.1.1950 geboren und möchten wissen, was das Jahr 2002 für Sie als Hauptthema bereithält. Dann addieren Sie:

22 + 1 + 2002 =

2 + 2 + 1 + 2 + 2 = 9

Jede Null wird nicht gezählt!

Lesen Sie unter »Die 9 als Jahres- oder Ereigniszahl« nach, was das Schicksal Ihnen 2002 rät!

Zweites Beispiel: Sie sind am 19.10. 1944 geboren und möchten wissen, was das Jahr 2003 für Sie bereithält. Dann addieren Sie:

19 + 10 + 2003 =

1 + 9 + 1 + 2 + 3 = 16

Lesen Sie unter »Die 16 als Jahres- oder Ereigniszahl« nach, was das Schicksal Ihnen 2003 rät.

Die 1, 2, oder 3 als Jahres- oder Ereigniszahl

Diese Zahlen können rein rechnerisch nicht vorkommen, denn selbst wenn Sie am 1.1. eines Jahres geboren sind, ergibt die Jahreszahl für das Jahr 2000 schon die 4, denn 1 + 1 + 2 = 4!

Die 4 als Jahres- oder Ereigniszahl

Kommt die 4 als Jahreszahl für Sie in Betracht, kann diese auch von einer zweistelligen Zahl (13, 22, 31 oder 40) auf eine 4 reduziert werden. Lesen Sie dann neben diesem Abschnitt auch bei der 13 oder 22 nach, falls eine dieser Zahlen für Sie zutrifft.

Als Jahreszahl ruft die 4 dazu auf, Ihre Individualität weiterzuentwickeln. Suchen Sie nach sinnvollen Reformen und Verbesserungen in Ihrer allernächsten Umgebung, doch gehen Sie dabei nicht nach altbewährten Methoden vor, sondern eher mittels ungewöhnlicher Ideen und Handlungsweisen.
Sie haben jetzt ein Gespür für kommende Entwicklungen und für Ihre eigene Zukunft. So erkennen Sie manches, was anderen noch verborgen bleibt. Das kann von tiefen Einsichten reichen bis hin zu Vorahnungen, die sich später verwirklichen. Dabei werden Ihre Stimmungen jedoch wechseln: Mal grübeln Sie tief über aktuelle Probleme nach, mal überfällt Sie urplötzlich ein Geistesblitz und ein anderes Mal verblüffen Sie mit Ihrer witzigen und schlagfertigen Argumentation Ihre »Gegner«. Lesen Sie einmal die Biografien von ungewöhnlichen Menschen, das kann Sie inspirieren. Pflegen Sie vor allem Freundschaften zu etwas außergewöhnlichen Personen, denn auch diese inspirieren Sie dieses Jahr sehr.

Rechnen Sie mit Veränderungen in Ihrem Leben.

Glauben Sie an das Unmögliche, doch halten Sie sich nicht mit Luftschlössern auf, die niemals zu verwirklichen sind. Ändern Sie ein paar Ihrer alten Gewohnheiten, denn nur wer sich selbst verändert, kann auch Veränderungen in größerem Ausmaß bewirken. Wie wär's mit einer neuen Frisur, einer neuen Farbe in der Kleidung oder einem neuen Auto?
Auf keinen Fall sollten Sie sich von anderen unnötige oder unsinnige Vorschriften machen lassen; dagegen dürfen Sie sich ruhig auf liebenswürdige Weise wehren. Der Einfluss der 4 wird Sie aber auf jeden Fall überraschen: Veränderungen finden sowohl innerlich als auch äußerlich in Ihrem Leben statt und eine innere Verjüngung ebenfalls.
Die Zahl 4 kann in dem errechneten Jahr eine Glückszahl für Sie werden – oder eine Schicksalszahl. Sie ist mit dem Wesen des *Uranus* und des Tierkreiszeichens *Wassermann* verwandt!

Die 5 als Jahres- oder Ereigniszahl

Kommt die 5 als Jahreszahl für Sie in Betracht, kann diese auch von einer zweistelligen Zahl (14, 23, 32 oder 50) auf eine 5 reduziert werden. Lesen Sie deshalb neben diesem Abschnitt auch bei der 14 oder 23 nach, wenn Sie eine dieser Zahlen errechnet haben.

Zeigen Sie Ihre vielseitigen Begabungen.

Zeigen Sie in diesem Jahr Ihre vielseitigen Begabungen. Sie werden Ihre Ziele jetzt am leichtesten verwirklichen können, wenn Sie Ihren starken Glauben mit Ihren starken Wünschen verbinden. In diesem Jahr werden sich wohl einige Abwechslungen in Ihrem Leben ergeben. Vielleicht ein Umzug, eine interessante Reise, eine neue partnerschaftliche Verbindung. Auch Ihre Sprachbegabung kann Ihnen dieses Jahr von Nutzen sein – oder Ihre geistige Wendigkeit.

Ihrer Aufmerksamkeit entgeht kaum etwas, doch in der Liebe sollten Sie Ihre logische Vernunft mal pausieren lassen, denn Liebe hat rein gar nichts mit Logik zu tun. Das Jahr eignet sich sehr gut für Arbeit in den Medien, im Verkauf, für Reisetätigkeit, für Beschäftigung in der Werbung, bei Verlagen, für Öffentlichkeitsarbeit oder für Arbeit am Computer. Schonen Sie Ihre Nerven, denn diese werden jetzt von vielen interessanten Dingen, Neuigkeiten und Informationen überflutet. Nüsse, Milch oder Vitamin-B-Komplex-Tabletten tun Ihnen jetzt gut, sonst erleben Sie manche schlaflose Nacht, weil Ihr Kopf einfach nicht abschalten kann. Setzen Sie Ihre gute Menschenkenntnis ein und umgeben Sie sich nicht mit den falschen Freunden oder Beratern. Auf jeden Fall werden Sie sich sehr schnell an alle neuen Situationen gewöhnen und flexibel auf jede sich bietende Veränderung reagieren können.

Wer zusätzlich eine astrologische Jahresanalyse mit seinen exakten Geburtszeitangaben (sind beim Standesamt Ihres Geburtsortes zu erfragen) in seine Planungen mit einbezieht, hat natürlich die größten Chancen, genau zum richtigen Zeitpunkt die passenden Aktionen zu starten. Umgekehrt schenkt Ihnen die Astrologie auch den klaren Überblick, zu welchen Zeiten es besser wäre, einen Gang rückwärts zu schalten, zu bremsen oder abzuwarten, denn mit ihrer Hilfe kann man die »Qualität der Zeit« berechnen, die speziell für Sie wirkt.

Die Zahl 5 kann in dem errechneten Jahr eine Glückszahl für Sie werden – oder eine Schicksalszahl. Sie ist mit dem Wesen des *Merkur* und der Tierkreiszeichen *Zwillinge* und *Jungfrau* verwandt!

Eine astrologische Jahresanalyse zusätzlich kann hilfreich sein.

Die 6 als Jahres- oder Ereigniszahl

Kommt die 6 als Jahreszahl für Sie in Betracht, kann diese auch von einer zweistelligen Zahl (15, 24, 33 oder 42) auf eine 6 reduziert werden. Lesen Sie deshalb zusätzlich unter 15 oder 24 nach, falls eine dieser beiden Zahlen auf Sie zutrifft.

In diesem Jahr sollten Sie nicht nach rein sexuellen Abenteuern suchen, sondern einer ganzheitlichen Liebe den Vorzug geben. Setzen Sie Ihr unwiderstehliches Lächeln ein – es wirkt wahre Wunder. Ihre Ausstrahlung nimmt erheblich zu und deshalb ziehen Sie einige Menschen magnetisch an. Wenn Sie nicht unter Prahlerei oder Verschwendungssucht leiden, dann haben Sie dieses Jahr die besten Möglichkeiten, sowohl die Liebe zu finden (oder eine schon vorhandene Beziehung auszubauen), aber auch Glück mit Geldangelegenheiten zu erleben und dabei noch äußerst kreativ zu sein (manchmal auch im biologischen Sinne).

Die Zahl 6 kann in dem errechneten Jahr eine Glückszahl für Sie werden – oder eine Schicksalszahl. Sie ist mit dem Wesen der *Venus* und der Tierkreiszeichen *Stier* und *Waage* verwandt!

Spezielle Talente kommen zum Vorschein.

Die 7 als Jahres- oder Ereigniszahl

Kommt die 7 als Jahreszahl für Sie in Betracht, kann diese auch von einer zweistelligen Zahl (16, 25, 34 oder 43) auf eine 7 reduziert werden. Lesen Sie auch unter der 16 nach, falls Sie diese Zahl errechnet haben.

Wenn Sie dieses Jahr einen Erfolg errungen haben, sollten Sie gleich weiterarbeiten, um ihn noch auszubauen. Jetzt werden Ihre Träume intensiver oder Sie entdecken neue Geheimnisse (der Mythologie, der Esoterik oder einer Grenzwissenschaft). Sie werden vielleicht sogar einige hellseherische Erfahrungen machen, doch das meiste spielt sich dieses Jahr in Ihrem Innern ab. Möglicherweise kommen eigenartige Talente plötzlich an die Oberfläche. Stehen Sie dazu, einen etwas eigenwilligen Charakter zu entwickeln; das macht Sie umso interessanter.

Jetzt könnten Sie auch in Not geratenen Menschen helfen oder für Hilfsorganisationen und Wohlfahrtsverbände aktiv werden, doch als »seelischen Abfalleimer« sollten Sie sich nicht degradieren lassen, sonst endet dies im »hilflosen Helfer«. Hektik und Stress gehen Sie besser aus dem Weg; das vertragen Sie jetzt schlecht. Suchen Sie die Stille, die Ruhe, denn nur dann kann Bewusstsein wachsen. Das Wasser in allen Erscheinungen tut Ihnen gut (ein Urlaub am Meer, ein Spaziergang an einem See, am Bachufer ein Buch lesen u. Ä.).

Aus philosophischen Einsichten oder geistigen Überlieferungen entwickeln sich jetzt in Ihnen tiefe Erkenntnisse, in welche Lebensrichtung Sie sich bewegen sollten. Achten Sie auf Ihre innere Stimme und auf Ihre Träume; auch diese schicken bedeutungsvolle Botschaften in Ihr Bewusstsein (siehe den Abschnitt über »Traumdeutung«).

Die Zahl 7 kann in dem errechneten Jahr eine Glückszahl für Sie werden – oder eine Schicksalszahl. Sie ist mit dem Wesen des *Neptun* und des Tierkreiszeichens *Fische* verwandt!

Die 8 als Jahres- oder Ereigniszahl

Kommt die 8 als Jahreszahl für Sie in Betracht, kann diese auch von einer zweistelligen Zahl (17, 26, 35 oder 44) auf eine 8 reduziert werden. Lesen Sie auch unter der 17 nach.

Das Jahr fordert Sie auf, ein harmonisches Gleichgewicht von Körper, Geist und Seele herzustellen. Es ist keine Sünde, nach Glück zu streben. Werden Sie aktiv! Sollte die Jahreszahl 8 mit Ihrem Geburtsdatum oder mit Ihrer Geburts- und Namenszahl identisch sein, dann wird dieses Jahr wohl schicksalsträchtig für Sie werden. Jetzt empfiehlt es sich wirklich, zusätzlich eine astrologische Jahresanalyse erstellen zu lassen (genaue Geburtszeit bitte am Standesamt Ihres Geburtsortes erfragen). Hier können Sie deutlich erkennen, ob gleichzeitig auch schwierige Saturn-Transite auf Sie einwirken, und vor allem zu welchen Zeiten. Es könnten karmische Lektionen stattfinden, doch trotz eines schweren Weges wäre auch ein erfolgreicher Abschluss durchaus möglich. Alle Ereignisse dieses Jahres könnten für Sie zum »Lehrer« werden.

Stellen Sie ein harmonisches Gleichgewicht zwischen Körper, Geist und Seele her.

Die 8 als Jahreszahl empfiehlt Ihnen, viel Ausdauer, Geduld, Konzentration, Stille, Rückzug und Kontemplation zu praktizieren. Es ist nur von Vorteil, wenn Sie sich von allzu hektischen oder oberflächlichen Aktivitäten zurückziehen und bisweilen ein bisschen Einsiedler spielen.

Sind Sie schon in höheren Positionen tätig, dann ist jetzt viel Selbstbeherrschung, Mut und Bescheidenheit gefragt, um diesen Posten zu festigen oder auszubauen. Vielleicht müssen Sie auch einige Opfer bringen, doch es würde sich lohnen. Mit Disziplin und Weisheit kommen Sie jetzt am besten voran und diese Tugenden sollten Sie ehrlichen Herzens weiter in sich aktivieren.

Die Zahl 8 kann in dem errechneten Jahr eine Glückszahl für Sie werden – oder eine Schicksalszahl. Sie ist mit dem Wesen des *Saturn* und des Tierkreiszeichens *Steinbock* verwandt!

Die 9 als Jahres- oder Ereigniszahl

Kommt die 9 als Jahres- oder Ereigniszahl für Sie in Betracht, kann diese auch von einer zweistelligen Zahl (18, 27, 35 oder 45) auf die einstellige 9 reduziert werden. Lesen Sie – falls Sie die 18 als Ergebnis herausbekommen haben – auch unter dieser Zahl nach.

Nutzen Sie Ihre Kraft für wichtige und echte Ziele.

Die Jahreszahl 9 rät Ihnen, weise oder kluge Personen aufzusuchen und diese um Rat zu bitten, falls es einmal nicht mehr so recht weitergeht. In diesem Jahr brauchen Sie Mut, Freude am Risiko, Durchsetzungsvermögen, Wille und Entschlossenheit. So können Sie Ihre Ziele am besten erreichen. Vermeiden Sie allerdings zu viel Egoismus, Jähzorn und Ellbogenmentalität. Ein mutiger Kämpfer ist stets fair und setzt seine Kraft für die wirklich wichtigen und echten Ziele ein. Bisweilen müssen Sie ganz schnell in kurzer Zeit wichtige Entscheidungen treffen.

Ist auch Ihre Geburts- oder Namenszahl die 9, dann sollten Sie den Fuß von Ihrem inneren Gaspedal nehmen. Ist Ihre Geburts- und Namenszahl jedoch nicht so impulsiv, dann heißt es jetzt, diese Wesensmerkmale zu aktivieren. Auch in Sachen Liebe kann es durchaus leidenschaftlich werden, doch die heißen Gefühle sind nicht unbedingt gut für einen Hochzeitstermin, denn dazu braucht man mehr innere Sicherheit und Ruhe. Sie könnten jetzt relativ schnell zum Kern einer Angelegenheit vordringen. Mit der 9 als Jahreszahl kann man durch weise Vorgehensweise wirklich große Durchbrüche oder Neuanfänge riskieren und dabei auch noch erfolgreich sein: nur Mut!

Die Zahl 9 kann in dem errechneten Jahr eine Glückszahl für Sie werden – oder eine Schicksalszahl. Sie ist mit dem Wesen und der Energie des *Mars* und des Tierkreiszeichens *Widder* verwandt!

Die 10 als Jahres- oder Ereigniszahl

Ergeben Ihre Berechnungen für das Sie interessierende Jahr die Zahl 10 (zum Beispiel wenn Sie am 20.4. geboren sind und die Ereignisfärbung des Jahres 2002 herausfinden wollen), dann sollten Sie sich positive Lebensveränderungen bereits zu Beginn des Jahres fest vornehmen. Setzen Sie all Ihre Energie und Ihr Geschick ein und stellen Sie sich das Endresultat schon bildlich vor. »Imaginiere und befehle« ist das Hauptmotto der 10.

Setzen Sie außergewöhnliche Pläne um.

Das Jahr ist günstig, um außergewöhnliche Pläne und Ziele durchzusetzen. Auf Selbstdisziplin und viel Mitgefühl dürfen Sie allerdings nicht verzichten. Das ist die notwendige Grundenergie, um jegliche Zerstörungsenergie abzuwenden oder zu verhindern. Zeigen Sie sich anpassungsfähig und intelligent, das sind die besten Bausteine auf dem Weg zu Ihrem Erfolg. Ihr gutes Gedächtnis kommt Ihnen jetzt des Öfteren zu Hilfe, aber auch Ihr diplomatisches Geschick werden Sie gut einsetzen können. Übertriebenen Egoismus sollten Sie auf jeden Fall vermeiden, denn das weckt polare Kräfte und führt zu Misserfolgen.

Sie können dieses Jahr selbst entscheiden, wie Ihr Leben weiterhin verlaufen soll. Bei positiver Grundeinstellung schenkt Ihnen die 10 ein gesundes Selbstvertrauen, den Glauben an den guten Ausgang einer wichtigen Sache und am Ende dann die ersehnte Anerkennung (ob privat oder beruflich). Je höher Ihre Persönlichkeit ausgerichtet ist, desto größer sind Ihre Erfolge in diesem Jahr!

Die 11 als Jahres- oder Ereigniszahl

Ergeben Ihre Berechnungen die Jahreszahl 11 (zum Beispiel wenn Sie am 3.4. geboren sind und die Ereignisfärbung des Jahres 2002 finden wollen), dann besitzen Sie hoffentlich eine günstige Geburts- oder Namenszahl als positives Gegengewicht zu dieser schwierigen 11er-Schwingung.

Für das Jahr mit der 11 als Ereigniszahl gilt eine ganz große Warnung: Hüten Sie sich davor, Ihre Ziele und Pläne anderen mitzuteilen! Nur längst erprobten Freunden sollten Sie sich anvertrauen. Jetzt lauern einige verborgene Gefahren, und Neider haben die Absicht, Ihnen einen Strich durch die Rechnung zu machen.

Missgunst, Intrigen, Heimlichkeiten, Verrat durch andere und ähnlich unschöne Erlebnisse warten dieses Jahr auf Bewältigung Ihrerseits – vielleicht ein Test?

Finden Sie einen Kompromiss zwischen allen wirkenden Kräften.

Jetzt dürfte es schwierig sein, zwei unterschiedliche Ziele zu vereinen. Eine dritte Kraft (eine Idee oder eine Person) ignoriert den Standpunkt der einen Seite und sabotiert so jede Harmonie.

Versuchen Sie immer, den Ursprung dieser trennenden Macht (Kraft) sofort zu identifizieren. Danach sollte ein guter Kompromiss zwischen allen wirkenden Kräften gefunden werden. Keine leichte Aufgabe. Aber auch in Ihnen selbst finden polare Kämpfe statt. Zwei Kräfte oder zwei Wünsche arbeiten des Öfteren gegeneinander. Doch auch diese Kräfte oder Wünsche sollten vereinigt werden, sonst folgt die Enttäuschung auf dem Fuß.

Leisten Sie sich, wenn es schwierig wird, doch eine astrologische Jahresanalyse. Auf jeden Fall sollten Sie Ihre Geheimnisse so lange hüten, bis sie keiner mehr durchkreuzen kann. Vermeiden Sie auch jegliche Illusionen und bleiben Sie sich selbst treu!

Die 12 als Jahres- oder Ereigniszahl

Ist die von Ihnen gefundene Jahreszahl die Zahl 12 (zum Beispiel wenn Sie am 7.1. geboren sind und die Ereignisfärbung des Jahres 2002 berechnen wollen), dann besitzen Sie hoffentlich eine günstigere Geburts- oder Namenszahl als positives Gegengewicht zu dieser schwierigen 12er-Schwingung.

Dieses Jahr werden andere Menschen versuchen, Sie zu benutzen, auszunutzen oder Ihre Energie vor deren Karren zu spannen. Auch Intrigen oder Verleumdungen sind jetzt zu erwarten, doch Sie können diese nur schlecht abwenden. Bleiben Sie vorsichtshalber immer ehrlich zu sich selbst und zu anderen. Sie strahlen etwas aus, das Sie dieses Jahr leicht zum »Opfer« machen kann. Bringen Sie jedoch nur notwendige Opfer, um Ihr Wissen zu erweitern. Von anderen wichtigen Lebenszielen sollten Sie sich auf keinen Fall abbringen lassen. Suchen Sie nur in Ihrem eigenen Innern nach der Lösung von Problemen. In diesem Jahr müssen Sie viel lernen, doch mit Selbstaufopferung hat dies nichts zu tun. Wenn Sie zum Opfer geworden sind, sollten Sie die eigene psychologische Ursache dafür herausfinden. War Ihr Selbstwertgefühl geschrumpft? Hatten Sie Angst, sich durchzusetzen, wütend zu werden, sich abzuwenden. Warum? Reagieren Sie auf Verleumdungen anderer am besten mit Nichtbeachtung oder Verachtung. Nur wenn Ihre Ehre angegriffen wird, sollten Sie sich mächtiger zur Wehr setzen (Anklage erheben). Opfern Sie auf keinen Fall Ihre persönlichen Ziele dem Ehrgeiz anderer Menschen!

Lassen Sie sich nicht von wichtigen Lebenszielen abbringen.

Wenn sich Probleme auftun und Sie den Überblick verlieren, dann leisten Sie sich dieses Jahr doch mal eine astrologische Jahresanalyse oder eine persönliche Beratung!

Die 13 als Jahres- oder Ereigniszahl

Ergeben Ihre Berechnungen für das Jahr die Zahl 13 (zum Beispiel) wenn Sie am 6.3. geboren sind und die Ereignisfärbung des Jahres 2002 wissen wollen), dann wird in dem betreffenden Jahr (in unserem Beispiel im Jahr 2002) die Schwingung der 13 für Sie aktuell werden.

Das Jahr scheint größere Veränderungen für Sie vorgesehen zu haben. Ursachen zeigen jetzt ihre Wirkungen. Revolution,

Riskante Unternehmungen oder Spekulationen sollten Sie vermeiden.

Umwälzung und Auflehnung führen dagegen ins Chaos. Je nachdem, wo Ihr Leben festgefahren ist und kein Wachstum mehr beinhaltet, wird Altes zerstört werden, damit Sie etwas Neues aufbauen können. Es kann sein, dass Ihre Affekte (Wut, Zorn, Sinnlichkeit oder Nervosität) besonders stark werden. Bauen Sie diese negativen Energien möglichst durch viel Sport ab. Hüten Sie sich auch vor riskanten Unternehmungen oder gar Spekulationen. Vermutlich findet in diesem Jahr auch ein wichtiger Transit des *Uranus* auf Ihr Geburtshoroskop statt.
Trotz aller Mäßigung werden unerwartete oder einschneidende Ereignisse stattfinden. Nur wer die eigene Macht zu selbstsüchtigen Zwecken missbraucht, wird nun große Fehlschläge erleben. Auch revolutionäres Verhalten, Widerstand oder Rebellion führen jetzt nur zu einem negativen Endresultat.
Wenn Sie sich dagegen allen auftauchenden Veränderungen willig beugen, verstärkt dies die positive Schwingung der 13. Dann können Sie Altes verändern und Neues aufbauen!

Die 14 als Jahres- oder Ereigniszahl

Berechnen Sie für ein Jahr die Zahl 14 (zum Beispiel wenn Sie am 4.6. geboren sind und die Ereignisfärbung des Jahres 2002 herausfinden wollen), dann wird in diesem Jahr (in unserem Beispiel im Jahr 2002) die Schwingung der 14 für Sie aktuell werden.
Es kann sein, dass Sie mit der Öffentlichkeit zu tun haben, vermehrt mit dem Bereich Kommunikation, Schreiben, Verlage oder Medien. Das neue Jahr bringt Abwechslung und Veränderung in Ihr Leben. Sie werden viele Kontakte mit Menschen erleben oder mit Ländern, durch Reisen – oder alternativ einen Ortswechsel vornehmen. Möglicherweise kommen Sie mit Naturgewalten in Berührung (Erdbeben, Stürme, Gewitter, Feuer oder Überschwemmungen). Vorsicht ist hier geboten.

Leider sind Sie des Öfteren zu pessimistisch eingestellt. Doch Sie werden merken, dass sich – sobald Sie optimistisch denken oder einfach ein bisschen Galgenhumor einsetzen – der Erfolg bald einstellen wird.

Ihre Intuition und Ihre innere Stimme sind wichtige Quellen.

Verlassen Sie sich in diesem Jahr nicht auf andere Menschen, sondern vor allem auf Ihre Intuition und Ihre innere Stimme. Es kann sein, dass ein Mensch Ihnen eine Situation oder Sachlage völlig falsch darstellt und Sie Nachteile daraus haben. Mit Geld oder Spekulationen haben Sie dieses Jahr Glück, doch auch hier sollten Sie nicht zu vertrauensselig sein oder die Ratschläge anderer befolgen. Irgendein boshafter Mensch in Ihrer Umgebung vergönnt Ihnen das Glück nicht und ist bestrebt, Sie vom richtigen Weg wegzulocken!

Die 15 als Jahres- oder Ereigniszahl

Haben Sie für ein Jahr die Zahl 15 berechnet (zum Beispiel wenn Sie am 31.7. geboren sind und die Färbung des Jahres 2002 mit allen Ereignissen wissen wollen), dann wird in diesem Jahr die Schwingung der Zahl 15 für Sie aktuell werden.
Sie besitzen jetzt besonders magische Kräfte, doch vor allen Praktiken in schwarzer Magie sollten Sie sich hüten (vor den Zahlen 4 und 8, vor niedrigem Okkultismus, vor Hypnose oder mentaler Suggestion). Sie sind oft zum rechten Zeitpunkt am richtigen Ort und ein geheimer Zauber führt Sie zu den passenden Menschen oder Situationen. Ihre Redebegabung wird jetzt gestärkt, aber auch in Musik, Kunst oder Theater können Sie Erfolge erzielen. Ihr Charisma ist groß und Ihre Anziehungskraft auf andere schier unwiderstehlich. Das kann auch zu sinnlichen Versuchungen führen. Vermeiden Sie es, mit List und Tücke Ihre Ziele zu verwirklichen. Dann werden Sie auch in puncto Geld viel Positives erleben.
Vielleicht kommen Sie dieses Jahr ganz unerwartet zu einem

höheren Gehalt, zu einer Erbschaft, zu einem finanziellen Geschenk. Vor allem wenn die finanziellen Mittel mal knapp werden, ist der Zustrom wieder offen. Andererseits wird man Ihnen auch viele kleine Gefälligkeiten erweisen. In diesem Jahr haben Sie die große Möglichkeit, anderen Menschen Glück zu schenken und Licht in jedes Dunkel zu bringen. Einzige Voraussetzung dafür: Sie benutzen Ihre magische Ausstrahlungskraft nicht für ausschließlich selbstsüchtige Zwecke!

Die 16 als Jahres- oder Ereigniszahl

Gehen Sie lieber Schritt für Schritt vor.

Ergaben Ihre Berechnungen für ein Jahr die Zahl 16 (zum Beispiel, wenn Sie am 4.8. geboren sind und die Färbung des Jahres 2002 mit allen Ereignissen wissen wollen), dann wird in diesem Jahr die Schwingung der Zahl 16 für Sie aktuell werden.
Diese Jahr dürfte schwierig werden, denn die 16 zieht ungewöhnliche Schicksalsschläge oder verhängnisvolle und rätselhafte Begebenheiten an. Gehen Sie jetzt keine unnötigen Wagnisse ein; planen Sie jeden Schritt besonders sorgfältig. Streben Sie nicht nach einer hohen Karriere (Turm), das könnte Sie zu Fall bringen. Auch jeder übertriebene Egoismus ist genauso riskant wie zu große Impulsivität. Möglicherweise haben Sie mit einer entzündlichen oder fiebrigen Erkrankung zu kämpfen. Hüten Sie sich vor niedrigen Leidenschaften und eigenartigen Gelüsten. Hören Sie nur auf Ihre innere Stimme. Streben Sie dieses Jahr nicht nach Ruhm und Anerkennung, sondern suchen Sie Ihr Glück eher im Privatbereich. Achten Sie auf Ihre Träume (siehe den Abschnitt über »Traumdeutung«); diese senden Ihnen wichtige Botschaften der Seele. Auch Ihre Intuition warnt Sie jetzt stark vor allen drohenden Gefahren.
Besorgen Sie sich ein gutes Traumdeutungslexikon (siehe Literaturverzeichnis), denn Sie finden Ihr Glück dieses Jahr nur in Ihrem eigenen Innern!

Die 17 als Jahres- oder Ereigniszahl

Ergaben Ihre Berechnungen für ein Jahr die Zahl 17, weil Sie beispielsweise am 4.8. geboren sind und die Färbung des Jahres 2003 mit allen Ereignissen wissen wollten, dann wird in diesem Jahr die Schwingung der Zahl 17 für Sie aktuell werden. Das Jahr dürfte Ihnen meistens viel Liebe und inneren Frieden bringen. Sie können sich jetzt weiterentwickeln, weil Sie durch Probleme, Hindernisse oder Leiden wachsen können.

Sie haben gute Chancen, wertvolle Taten zum Nutzen anderer zu vollbringen.

Ihr Wachstum tritt am schnellsten ein, wenn Sie sich geistig über all diese Ereignisse erheben. Jetzt haben Sie die besten Möglichkeiten und Chancen, wertvolle Taten und Werke zum Nutzen anderer Menschen zu vollbringen. Sollten Sie etwas bauen, schreiben, erschaffen oder vollenden, dann kann dieses Werk sogar über Ihren Tod hinaus bekannt sein, Sie damit unsterblich machen.

Gerechtigkeit und Friedensliebe sind jetzt Ihre Wegbereiter zum Glück. Leider geben Sie bisweilen auch dort nach, wo Sie sich eigentlich mehr durchsetzen sollten. Achten Sie darauf, nicht allzu gutmütig zu werden, sondern schieben Sie auch mal kräftig an und zeigen Sie »Ihre Zähne«. Enttäuschungen und Missverständnisse haben Sie sich selbst zuzuschreiben, wenn Sie allzu kompromissbereit sind und aus lauter Harmoniebedürfnis zu oft nachgeben!

Die 18 als Jahres- oder Ereigniszahl

Ergaben Ihre Berechnungen für das neue Jahr die Zahl 18, weil Sie am 24.8. geboren sind und die Färbung des Jahres 2002 mit allen Ereignissen wissen wollten, dann wird in diesem Jahr die Schwingung der Zahl 18 für Sie aktuell werden.

In diesem Jahr könnten Familienstreitigkeiten ein großes Thema werden oder zu vielen Konflikten führen. Bei manchen Menschen werden sogar Krieg, Aufruhr oder Revolution im näheren Umfeld stattfinden. Eigenartigerweise könnten Sie für sich selbst aus diesen Unruhen sogar neue Verdienstmöglichkeiten schöpfen. Möglicherweise werden Sie auch von Freunden verraten oder getäuscht. Sie sollten sich auch vor Blitz, Gewitter, Sturm, Strom oder den Naturelementen in Acht nehmen und nicht mit elektrischen Leitungen herumhantieren. Bauen Sie viele Zahlen der 6er-Reihe in Ihr Leben ein (Hausnummer, Ort, Telefonnummer, Autokennzeichen u. Ä.) – das schafft ein positives Gegengewicht zu der etwas schwierigen 18.

Zuverlässiges Arbeiten gibt Ihnen Sicherheit.

Wichtig ist, dass Sie in diesem Jahr ganz zuverlässig arbeiten. Vor allem Ihr Streben nach geistiger Höherentwicklung oder nach Spiritualität kann Ihnen jetzt Glück bringen. Suchen Sie nach geeigneten Wissensgebieten und erweitern Sie diese geistige Ausrichtung in Ihnen selbst.

Werden Sie angelogen, zeigen Sie sich offen und ehrlich. Begegnen Sie Hass, dann antworten Sie darauf mit Liebe. Erleben Sie Grausamkeit, dann reagieren Sie darauf mit Freundlichkeit. So wird alle negative Schwingung der 18 in eine positive 6 verwandelt. In manchen Fällen ergibt sich dann sogar eine geistige Erleuchtung. Jeder zu große Materialismus in Ihnen hemmt nur Ihre geistigen und spirituellen Kräfte, die jetzt wachsen wollen!

Die 19 als Jahres- oder Ereigniszahl

Haben Sie für ein Jahr die Zahl 19 berechnet (zum Beispiel weil Sie am 25.8. geboren sind und die Färbung des Jahres 2002 mit allen Ereignissen wissen wollen), dann wird in diesem Jahr die Schwingung der Zahl 19 für Sie aktuell werden.

Das könnte wahrlich ein *Sonnen*-Jahr für Sie werden! Herzlichen Glückwunsch, denn diese Zahl zieht förmlich positive Ereignisse, Anerkennung, Erfolg, Freude und Zuversicht an.

Selbst nach kurzfristigen oder zeitweisen Fehlschlägen wird die weitere Entwicklung erfolgreich verlaufen. Lediglich vor zu großem Übermut und zu großer Begeisterung sollten Sie sich jetzt vorsichtshalber hüten. Der Erfolg kommt meistens urplötzlich – sowohl in beruflichen Angelegenheiten als auch im Privatleben.

Sie kommen mühelos voran und das Glück steht auf Ihrer Seite.

Selbst wenn Ihre ursprüngliche Geburtszahl nicht so günstig ausfällt, werden Sie in diesem Jahr doch viel Glück erleben. Auf Ihrem eingeschlagenen Lebensweg kommen Sie mühelos voran. Lassen Sie Ihre »innere Sonne« immer wieder nach außen leuchten; das verstärkt die positive Schwingung der 19 und deren Glück bringende Wirkung in den kommenden Ereignissen.

Wer will, kann die 19 noch öfters in sein Leben mit einbauen (Hausnummer, gesamte Adresse, Orte, Telefonnummer, Autokennzeichen oder die 19 im Lottospiel) – eine Verstärkung der positiven Ereignisse wird dadurch möglich!

Die 20 als Jahres- oder Ereigniszahl

Ergaben Ihre Berechnungen für ein Jahr die Zahl 20 – etwa weil Sie am 8.8. geboren sind und die Färbung des Jahres 2002 mit allen Ereignissen wissen wollten –, dann wird in diesem Jahr die Schwingung der Zahl 20 für Sie aktuell werden.

Dieses Jahr ist weniger materiell ausgerichtet, sondern sollte vor allem für eine große Tat oder Handlung verwendet werden. Zwar ruft die Zahl 20 zur Geduld auf, doch andererseits kann nun ein großes Erwachen in Ihnen selbst stattfinden. Neue Pläne, neue Ziele, neu geweckter Ehrgeiz, neue Wege schälen sich dabei heraus. Achten Sie jetzt auf Ihre Träume (siehe auch den Abschnitt über »Traumdeutung«), denn die liefern Ihnen bedeutende Zukunftsvisionen. Besorgen Sie sich ein gutes Traumdeutungslexikon (siehe Literaturverzeichnis).

In diesen visionären Träumen wird Ihre Zukunft bildlich dargestellt. Jetzt haben Sie die Möglichkeit, alle positiven Träume in die Realität umzusetzen – und die negativen Träume oder Visionen auszuschalten.

Entwickeln Sie Ihr geistiges und spirituelles Potenzial.

Geistig und spirituell können Sie in diesem Jahr enorm wachsen. Vor allem durch geistige Erkenntnisse und durch seelische Weiterentwicklung werden Sie frühere Blockaden, Hindernisse, Hemmungen und Verzögerungen überwinden können. Wer zudem die wirtschaftlichen Aspekte des Lebens aktivieren will, sollte sich zusätzlich mit den Zahlen 6, 24 oder 33 umgeben!

Die 21 als Jahres- oder Ereigniszahl

Ergaben Ihre Berechnungen für ein Jahr die Zahl 21, dann wird in diesem Jahr die Schwingung der Zahl 21 für Sie aktuell werden.

Sehr günstig wäre es, wenn Sie sich schon im mittleren Lebensalter befänden. Denn die 21 weist darauf hin, dass Sie jetzt günstige Vorsorge für einen sorgenfreien Lebensabend tragen können. Wer noch mitten im Leben steht und an seiner Karriere arbeitet, hat ebenfalls Glück zu erwarten. Vor allem wenn in den letzten Jahren viele Seelenprüfungen oder andere Tests oder Probleme zu bewältigen waren.

Jetzt erfahren Sie endlich positive Ergebnisse: Beruflicher Aufstieg ist in Sicht, aber auch hohe Anerkennungen könnten Ihnen zuteil werden (sowohl geistig als auch weltlich gesehen). Sie können in diesem Jahr die schöne Erfahrung machen, was es heißt, Glück im Leben zu haben. Entweder werden Sie jetzt befördert oder aber Sie erleben positive Unterstützung von Freunden, Verwandten und Bekannten. Jetzt können Sie frühere Schwächen überwinden und besiegen. Freuen Sie sich darauf!

Bleiben Sie weiterhin standhaft, und achten Sie darauf, dass Ihr Leben nach »einer höheren Bestimmung« ausgerichtet ist. Auch im finanziellen Bereich werden Sie erfreulichen Zuwachs oder Erleichterungen verspüren!

Die 22 als Jahres- oder Ereigniszahl

Ergeben Ihre Berechnungen für ein Jahr die Zahl 22, dann wird in diesem Jahr die Schwingung der Zahl 22 für Sie aktuell werden.

Das von Ihnen errechnete Jahr enthält einige Warnungen: Entweder haben Sie sich in manchen Träumen oder in zu vielen Illusionen verfangen. Sie schleppen einen Rucksack voller Irrtümer mit sich herum, doch Sie wehren sich erst, wenn unmittelbare Gefahr droht. Sie sollten schleunigst aus Ihren Träumen erwachen und keinerlei Selbsttäuschungen pflegen. Bisweilen schweben Sie jetzt in »höheren Regionen« und ziehen deshalb Misserfolge an. Sie schenken meistens Menschen Vertrauen, die es gar nicht wert sind. Jetzt sind höchste Wachsamkeit und Vorsicht geboten.

Machen Sie sich nichts vor: Erwachen Sie aus Ihren Träumen!

Lassen Sie sich nicht von der Dummheit oder Hinterhältigkeit anderer Menschen blenden. Sie sollten jede Form von »spiritueller Faulheit« überwinden und stattdessen »spirituelle Aggressivität« entwickeln. Befehlen Sie Ihre Erfolge und erkennen Sie Ihre eigene Macht, die negativen Dinge des Lebens zu verändern. Nur wenn Sie Ihre persönliche Verantwortung anerkennen und diese richtig beherrschen, können Sie am Ende der Geschehnisse selbst »Herr(in) der Dinge« werden.

Sollten Sie jetzt unschuldigerweise in Rechtsstreitigkeiten verwickelt werden, dann müssen Sie sich zur Wehr setzen. Fordern Sie, dass Gerechtigkeit geübt wird, suchen Sie sich einen guten Anwalt und zeigen Sie mal »Ihre Zähne«. Nur wenn Sie all dies gelernt haben, können Sie erleben, dass aus Ihren eigenen Ideen und Träumen durchaus Realität werden kann!

Die 23 als Jahres- oder Ereigniszahl

Ergaben Ihre Berechnungen für ein Jahr die Zahl 23, dann wird in diesem Jahr die Schwingung der Zahl 23 für Sie aktuell werden.

Sie können mit Unterstützung im beruflichen und privaten Bereich rechnen.

In diesem Jahr werden sich einige karmische Belohnungen ereignen: Sie erleben Unterstützung, Hilfe und Schutz in allen persönlichen und beruflichen Aktionen, doch Sie werden auch von Vorgesetzten und anderen Autoritäten gefördert. Die Zahl 23 ermöglicht günstige Protektionen von Menschen in einflussreichen Positionen, bewirkt aber auch Erfolge in einer eher geistigen Tätigkeit.

Möglicherweise machen Sie in diesem Jahr sogar eine Erbschaft. Vieles wird jetzt belohnt, das Sie in früheren Inkarnationen an Gutem geleistet haben. Sie erleben die wohltuende Gunst von Verwandten und anderen einflussreichen Beschützern. Zeigen Sie sich würdig und dankbar über diese Gaben des Schicksals, denn Sie werden nicht vielen Menschen und auch nicht andauernd verschenkt.

Es würde sich lohnen, in diesem Jahr des Öfteren die Zahl 23 zu Hilfe zu nehmen (Lottospiel, Adresse, Orte, Telefonnummern, Autokennzeichen und vieles andere mehr) oder alternativ die Zahlen 5, 14, 32, 41 oder 50, damit sich die positive Schwingung Ihrer Glückszahl noch erhöht!

Die 24 als Jahres- oder Ereigniszahl

Haben Sie für ein Jahr die Zahl 24 berechnet, dann wird in diesem Jahr die Schwingung der Zahl 24 (die sich aus Ihrem Geburtstag, Ihrem Geburtsmonat und dem Jahr, dessen Ereigniszahl sie wissen wollen, ergibt) für Sie aktuell werden.

In diesem Jahr werden Sie viele karmische Belohnungen empfangen können. Die Zahl 24 verheißt Glück im Leben oder wohltuende Hilfe und Unterstützung von Gleichgesinnten und Freunden. Auch Ihre Vorgesetzten werden Sie kräftig fördern wollen, denn die Zahl 24 verspricht den Beistand der Mächtigen. Sie können fast sicher sein, dass sich Ihr finanzieller Erfolg dieses Jahr gewaltig steigern lässt. Sie werden aber auch Menschen von hohem Stand oder von hoher Bildung kennen lernen – alles förderlich auf Ihrem weiteren Lebensweg.

Freuen Sie sich auf glückliche Stunden in der Liebe.

Dieses Jahr haben Sie auch das Glück in der Liebe zur Seite, denn Sie besitzen jetzt eine starke Anziehungskraft auf das andere Geschlecht. Die einzige Stolperfalle, die Sie beachten sollten: Hüten Sie sich vor zu viel Selbstherrlichkeit und Arroganz – sowohl in beruflichen, in finanziellen als auch in liebesmäßigen Angelegenheiten. Ein jetziger Missbrauch der Glückszahl 24 kann in späteren Leben zu einer schwierigeren Geburtszahl führen (die man ja nicht verändern kann).
Vermeiden Sie jede Form von Selbstsucht und widerstehen Sie allzu oberflächlichen Versuchungen. Sie sollten auch nicht zu nachsichtig mit sich selbst sein. Wer keinerlei Gleichgültigkeit kultiviert, dem wird durch die Zahl 24 sehr viel Kreativität zufließen, viel Liebe und viel Geld!

Tipp: Wer sich noch intensiver mit dem spannenden Bereich der *Numerologie* (Ihr Geburtsdatum, Ihre komplette Geburtszahl, Ihre Namenszahl) beschäftigen will, sollte sich mein neues Buch über *Zahlenmagie* besorgen. Dort sind viele unterstützende Hilfsmittel besprochen, die Ihr persönliches Glück aktivieren!

Anhang

Ihr Aszendent

Die Umwelt nimmt eher den Aszendenten als das Sonnenzeichen wahr.

Kennen Sie schon Ihren Aszendenten? Der Aszendent (AC) ist das Tierkreiszeichen, das zum Zeitpunkt Ihrer Geburt am östlichen Horizont aufsteigt. Nur mit Kenntnis der genauen Geburtszeit kann man diesen wichtigen Punkt errechnen.
Ihr Aszendent prägt Ihren ersten Eindruck von dieser Welt; er zeigt auch auf, wie andere Menschen Sie wahrnehmen. Ihre Art aufzutreten, ist im Aszendenten erkennbar.
Auch unser Temperament wird stark vom Aszendenten stimuliert und geprägt. Deshalb verhalten wir uns oft anders, als es im Sonnenzeichen beschrieben steht. Der Aszendent beeinflusst neben den rein genetischen Vererbungen aber auch unser Aussehen. Deshalb ist es für Astrologen oft einfacher, den Aszendenten eines Menschen zu erraten als das Sonnenzeichen, das erst nach längerer Unterhaltung durchschimmert. Von großer Bedeutung ist auch der Herrscher des Aszendentenzeichens und seine Position im Geburtshoroskop. Dadurch kann man erkennen, wie dieser Mensch seine Energien am natürlichsten entfalten und ausdrücken kann. Die Mischung aus Sonnenzeichen und Aszendenten enthält viele weitere und äußerst interessante Auskünfte.
Fazit: Es ist spannender als der beste Krimi, in die eigene Seele hinabzusteigen und sich selbst zu erforschen!
Mithilfe der folgenden **Aszendententabelle** können Sie ganz leicht und schnell Ihren Aszendenten selbst errechnen:

1. Suchen Sie in der oberen Leiste Ihren Geburtsmonat und Ihr Geburtsdatum.
2. Suchen Sie in der Tabelle darunter nach Ihrer Geburtszeit.
3. Jetzt können Sie in der gleichen Spalte ganz links Ihren Aszendenten ablesen!

Monat	Januar			Februar			März			April		
vom bis	1. 10.	11. 20.	21. 31.	1. 10.	11. 20.	21. 28.	1. 10.	11. 20.	21. 31.	1. 10.	11. 20.	21. 30.
♈ Widder	11:50 12:25	11:10 11:45	10:30 11:05	09:50 10:25	09:10 09:45	08:30 09:10	07:55 08:30	07:15 07:50	06:35 07:10	05:55 06:30	05:15 05:50	04:30 05:10
♉ Stier	12:45 13:30	12:00 12:50	11:20 12:05	10:45 11:30	10:00 10:45	09:30 10:10	08:45 09:35	08:05 08:50	07:25 08:15	06:45 07:35	06:05 06:50	05:30 06:10
♊ Zwillinge	13:55 15:10	13:20 14:25	12:35 13:50	11:55 13:10	11:15 12:30	10:35 11:55	10:05 11:15	09:20 10:35	08:40 09:55	08:00 09:15	07:20 08:35	06:35 07:55
♋ Krebs	15:50 17:30	15:10 16:50	14:30 16:10	13:50 15:30	13:10 14:50	12:40 14:20	11:55 13:35	11:15 12:55	10:35 12:15	09:55 11:35	09:15 10:50	08:40 10:20
♌ Löwe	18:20 20:15	17:40 19:35	17:00 18:55	16:20 18:25	15:40 17:35	15:10 17:00	14:25 16:20	13:45 15:40	13:05 15:00	12:25 14:15	11:40 13:40	11:10 13:00
♍ Jungfrau	21:00 22:55	20:20 22:15	19:40 21:35	19:00 20:55	18:20 20:15	17:45 19:35	17:05 19:00	16:30 18:20	15:45 17:50	15:05 17:00	14:30 16:20	13:45 15:35
♎ Waage	23:50 01:45	23:10 01:05	22:30 00:25	21:50 23:45	21:10 23:05	20:30 22:30	19:55 21:50	19:15 21:10	18:35 20:30	17:55 19:50	17:15 19:10	16:30 18:30
♏ Skorpion	02:30 04:25	01:50 03:45	01:10 03:05	00:30 02:25	23:50 01:45	23:20 01:10	22:35 00:25	21:55 23:50	21:15 23:05	20:35 22:25	19:55 21:50	19:20 21:10
♐ Schütze	05:20 07:00	04:40 06:20	04:00 05:40	03:20 05:00	02:40 04:20	02:05 03:45	01:20 03:05	00:45 02:25	00:05 01:45	23:32 01:05	22:45 00:25	22:05 23:45
♑ Steinbock	07:50 09:05	07:10 08:25	06:30 07:45	05:50 07:05	05:10 06:25	04:35 05:45	03:55 05:10	03:15 04:40	02:35 04:15	01:55 03:10	01:15 02:30	00:35 01:45
♒ Wassermann	09:40 10:25	09:00 09:40	08:20 09:05	07:40 08:25	07:00 07:40	06:20 07:10	05:45 06:30	05:05 05:50	04:25 05:10	03:45 04:30	03:05 03:50	02:20 03:10
♓ Fische	11:00 11:35	10:15 10:50	09:35 10:15	09:00 09:35	08:15 08:50	07:45 08:15	07:05 07:40	06:20 06:55	05:45 06:20	05:05 05:40	04:20 04:55	03:45 04:15

Monat vom bis	Mai 1. 10.	 11. 20.	 21. 31.	Juni 1. 10.	 11. 20.	 21. 30.	Juli 1. 10.	 11. 20.	 21. 31.	August 1. 10.	 11. 20.	 21. 31.
♈ Widder	03:55 04:30	03:15 03:50	02:30 03:10	01:55 02:30	01:15 01:50	00:30 01:05	23:50 00:25	23:10 23:45	22:30 23:05	21:50 22:25	21:10 21:45	20:20 20:55
♉ Stier	04:45 05:30	04:05 04:50	03:30 04:10	02:45 03:30	02:05 02:55	01:20 02:05	00:45 01:30	00:00 00:45	23:20 00:05	22:40 23:25	22:00 22:45	21:15 22:05
♊ Zwillinge	06:00 07:15	05:20 06:15	04:35 05:55	04:00 05:15	03:20 04:35	02:35 03:50	01:55 03:10	01:15 02:30	00:35 01:50	23:55 01:10	23:15 00:30	22:35 23:45
♋ Krebs	07:55 09:35	07:15 08:50	06:40 08:15	05:55 07:35	05:15 06:50	04:30 06:10	03:50 05:30	03:10 04:50	02:30 04:00	01:50 03:30	01:10 02:50	00:25 02:05
♌ Löwe	10:25 12:20	09:40 11:40	09:05 11:00	08:25 10:20	07:40 09:40	07:00 08:55	06:20 08:15	05:40 07:35	05:00 06:55	04:20 06:15	03:40 05:35	02:55 04:45
♍ Jungfrau	13:05 15:00	12:30 14:20	11:45 13:35	11:05 13:00	10:30 12:20	09:40 11:35	09:00 10:55	08:20 10:15	07:40 09:35	07:00 08:55	06:20 08:15	05:30 07:30
♎ Waage	15:55 17:50	15:15 17:05	14:30 16:30	13:55 15:50	13:15 15:10	12:30 14:25	11:50 13:45	11:10 13:05	10:30 12:25	09:50 11:45	09:10 11:05	08:30 10:20
♏ Skorpion	18:35 20:25	17:50 19:45	17:20 19:10	16:35 18:25	15:55 17:10	15:10 17:05	14:30 16:25	13:50 15:45	13:10 15:05	12:30 14:25	11:50 13:45	11:05 13:00
♐ Schütze	21:20 23:05	20:40 22:20	20:05 21:45	19:20 21:05	18:00 20:10	17:45 19:45	17:20 19:00	16:40 18:20	16:00 17:40	15:20 17:00	14:40 16:20	13:55 15:30
♑ Steinbock	23:55 01:10	23:10 00:25	22:35 23:45	21:55 23:10	21:10 22:30	20:30 21:45	19:50 21:05	19:10 20:25	18:30 19:45	17:50 19:05	17:10 18:25	16:20 17:35
♒ Wassermann	01:45 02:30	01:05 01:50	00:20 01:10	23:45 00:30	23:05 23:50	22:20 23:05	21:40 23:25	21:00 21:45	20:20 21:05	19:40 20:25	19:00 19:45	18:10 18:55
♓ Fische	03:00 03:35	02:20 02:55	01:45 02:15	01:00 01:35	00:20 00:55	23:40 00:15	23:00 23:35	22:15 22:50	21:40 22:10	21:00 21:35	20:15 20:50	19:30 20:05

Monat vom bis	September			Oktober			November			Dezember		
	1. 10.	11. 20.	21. 30.	1. 10.	11. 20.	21. 31.	1. 10.	11. 20.	21. 30.	1. 10.	11. 20.	21. 31.
♈ Widder	19:45 20:20	19:05 09:40	18:20 18:55	17:45 18:15	17:00 17:35	16:20 16:55	15:45 16:20	15:05 15:40	14:25 15:00	13:45 14:20	13:05 13:40	12:30 13:05
♉ Stier	20:40 21:25	19:55 20:40	19:15 20:00	18:30 19:20	17:55 18:40	17:15 18:00	16:40 17:25	16:00 16:45	15:15 16:05	14:40 15:25	14:00 14:45	13:20 14:05
♊ Zwillinge	21:50 23:00	21:10 22:25	20:25 21:40	19:50 21:00	19:05 20:20	18:25 19:40	17:50 19:00	17:10 18:25	16:35 17:45	15:50 17:00	15:10 16:25	14:35 15:50
♋ Krebs	23:40 01:25	23:05 00:50	22:20 00:05	21:40 23:20	21:00 22:40	20:20 22:05	19:40 21:25	19:05 20:50	18:25 20:05	17:40 19:25	17:05 18:50	16:30 18:10
♌ Löwe	02:15 04:10	01:40 03:30	00:55 02:45	00:20 02:05	23:30 01:25	22:55 00:55	22:05 00:10	21:40 23:30	20:55 22:45	20:15 22:10	19:40 21:30	19:00 20:55
♍ Jungfrau	04:55 06:50	04:15 06:10	03:30 05:25	02:50 04:45	02:10 04:05	01:30 03:25	00:55 02:50	00:15 02:10	23:30 01:30	22:55 00:50	22:15 00:10	21:40 23:35
♎ Waage	07:45 09:35	07:05 09:00	06:20 08:15	05:45 07:35	05:00 06:55	04:20 06:15	03:45 05:35	03:05 05:00	02:30 04:20	01:45 03:35	01:05 03:00	00:30 02:25
♏ Skorpion	10:20 12:25	09:45 11:40	09:00 10:55	08:20 10:15	07:40 09:35	07:00 08:55	06:20 08:15	05:45 07:40	05:05 06:55	04:20 06:15	03:45 05:40	03:10 05:05
♐ Schütze	13:10 14:55	12:35 14:15	11:50 13:30	11:10 12:50	10:30 12:10	09:50 11:30	09:10 10:55	08:35 10:15	07:50 09:30	07:10 08:55	06:35 08:15	06:00 07:40
♑ Steinbock	15:45 17:00	15:05 16:20	14:20 15:35	13:40 14:55	13:00 14:15	12:20 13:35	11:45 13:00	11:05 12:15	10:20 11:35	09:45 11:00	09:05 10:20	08:30 09:45
♒ Wassermann	17:35 18:20	16:55 17:40	16:10 16:55	15:30 16:15	14:50 15:35	14:10 14:55	13:30 14:20	12:50 13:40	12:10 12:55	11:35 12:20	10:55 11:45	10:20 10:05
♓ Fische	18:50 19:25	18:15 18:50	17:30 18:05	16:50 17:25	16:10 16:45	15:30 16:05	14:50 15:25	14:15 14:50	13:30 14:05	12:50 13:25	12:15 12:50	11:40 12:15

Aszendent Widder

Der Widder-Aszendent sieht das Leben viel stärker als eine Herausforderung, als ein anderes Tierkreiszeichen dies je empfinden könnte. Man will gerne den ersten Platz einnehmen, Anführer eines Rudels sein, Aktionen starten und neue Dinge anreißen. So sind Menschen mit dem Aszendenten Widder in ständiger Unruhe oder zumindest in gespannter Erwartungshaltung, denn: »Wer zu spät kommt, den bestraft das Leben.«

Sie spielen gern die erste Geige.

Als Widder-Aszendent sind Sie von Geburt an recht spontan und energiegeladen. Sie besitzen einen großen Wunsch nach Unabhängigkeit und wollen eigene Entscheidungen treffen (außer Sie hätten einen weichen Planeten wie Mond oder Venus am Aszendenten platziert).

Ihr Wille ist stark ausgeprägt und Sie sind auch sehr schnell begeisterungsfähig. Ihre Besuche fallen oft ohne Voranmeldung aus und auch Ihre Mimik und Gestik sind ständig in Bewegung.

»Wo ein Wille ist, ist auch ein Weg«, zählt zu Ihren Mottos.

Bisweilen reagieren Sie jedoch viel zu impulsiv und handeln dann so energisch, dass Sie Ihre Umgebung und die Mitmenschen damit vor den Kopf stoßen. Ihr Wille und Ihre Entschlusskraft sind andererseits oftmals eine Garantie für das Gelingen. Entweder neigen Sie selbst zu kleinen Verletzungen oder aber Sie sorgen für Bewegung und Unruhe in Ihrer Umgebung: Dann fallen manchmal ein paar Gläser oder andere Gegenstände Ihnen selbst oder anderen Menschen aus der Hand, sobald Sie den Raum betreten, denn: »Wo gehobelt wird, da fallen Späne.«

Sie sollten Ihre angeborene Power immer wieder sportlich

abreagieren, denn Ihr Körper produziert vermehrt Adrenalin. Ein Widder, der sich nicht ständig körperlich abreagiert, geht sonst anderen Menschen mit seiner überschießenden Energie und Unruhe auf die Nerven.

Sehr oft schwärmen Widder-Aszendenten für schnelle Autos (wie zum Beispiel Michael Schumacher, AC Widder, geb. 3.1.1969) und wollen natürlich solch einen flotten Flitzer besitzen. Dafür geben sie relativ schnell und unbedenklich ihr Geld aus, doch auch hier sind kleine Karambolagen keine Seltenheit!

Durchstarten heißt Ihr Motto.

Sie überlegen nicht so lange wie ein typisches Erdzeichen (Stier, Jungfrau oder Steinbock), sondern stürmen voller Elan und Tatendrang drauflos, denn: »Was du heute kannst besorgen, das verschiebe nicht auf morgen.« Selbst wenn der Widder-Aszendent noch gar nicht weiß, wohin die Richtung gehen soll – »starten« ist seine Devise. Dass man dabei andere bisweilen über den Haufen rennt oder beiseite drängt, nimmt er im Eifer des Gefechts oft gar nicht wahr. Dann ist er ganz erstaunt, dass manche Mitmenschen beleidigt reagieren oder ihn für ziemlich rücksichtslos halten. Es fehlt ihm einfach ein bisschen Feingefühl für die Bedürfnisse anderer Menschen.

Der Widder-Aszendent ist der geborene Einzelkämpfer, doch er will auch lieben. Seine wilde Entschlossenheit, sein Mut, seine Durchsetzungskraft zeigen sich in forschem Auftreten, in heftigen Bewegungen und in einem flotten Laufschritt.

Meistens verläuft auch die Geburt eines Widder-Aszendent-Babys ganz plötzlich und schnell. Dem Widder pressiert's schon am ersten Tag, damit er ja nichts verpasst. Trotzdem oder gerade deswegen ist die Lebensaufgabe eines Widder-Aszendenten, mehr Rücksichtnahme, mehr Geduld, bewusstes Handeln zu lernen und Kompromisse zu suchen.

Ihr sechstes Haus (Gesundheit) steht in der *Jungfrau.* Wichtig ist deshalb, Ihre Gefühle und Bedürfnisse auszudrücken und sich dabei nicht unterzuordnen. Gehen Sie fürsorglich mit Ihrer Gesundheit um, doch sorgen Sie sich nicht zu sehr. Reinigungsdiäten oder Fastenkuren sind von Zeit zu Zeit sehr hilfreich!

Widder ist Herrscher von Haus eins

Hier zeigt sich Ihr Image.

Hier geht es um unsere Selbstdarstellung, um unser Ego, um die Ansprüche und das Verhalten des Ich, um unser Geltungsstreben. In diesem Haus zeigt sich die Person, wie sie anderen erscheint, wie sie auf andere zugeht, und hier erfahren wir unser Image. Stehen Planeten in diesem Haus, dann erleben wir diese Lebensbereiche besonders deutlich!

Aszendent Stier

Das Tempo des Auftretens mäßigt sich beim Stier, denn: »Gut Ding will Weile haben.« So lässt er sich auch bei der Geburt etwas Zeit und startet sein Leben langsam, denn er geht lieber »auf Nummer sicher«. Dort, wo es geschützt und gemütlich ist, lässt er sich gerne nieder. Die Freuden des Lebens gefallen ihm, denn: »Essen und Trinken hält Leib und Seele zusammen.«

Sie wirken vertrauensvoll und sind charmant.

Er hat ein gutes Gefühl für Formen und Geschmack sowie eine Vorliebe fürs Geld. Ein Stier-Aszendent strahlt meistens Wärme und innere Zufriedenheit aus. Er kann geduldig und lange auf einen günstigen Moment warten. Unermüdlich arbeitet er an seinen wichtigen Zielen und so schnell bringt ihn nichts aus der Ruhe.

Was er besitzt, lässt er nicht mehr los. Das bringt einerseits Beständigkeit und Besitz (»My home is my castle«) in sein Leben, doch andererseits macht es den Stier-Aszendenten etwas schwerfällig gegenüber wichtigen Veränderungen. Die Macht der Gewohnheit lässt ihn bisweilen sogar recht unflexibel und stur werden. Als äußeres Erscheinungsbild ist oft der breite Stiernacken vorzufinden oder eine etwas rundliche Statur.

Bei Ihren Mitmenschen erwecken Sie schnell Vertrauen durch Ihre besonnene Art und Ihren Realitätssinn. Aber Sie sind auch höflich und besitzen eine Portion Charme, denn Ihre Herrscherin *Venus* schenkt Ihnen diese Gaben ohne jegliche Anstrengung: »Die süßesten Kirschen sind die aus Nachbars Garten!«

Sie handeln lieber nach altbewährten Methoden, als Neues auszuprobieren. Man könnte Sie bisweilen als stur oder verstockt bezeichnen, doch die schönen Dinge dieser Welt verlieren Sie nie ganz aus den Augen (Liebe, Erotik und sinnliche Genüsse aller Art). Trotzdem halten Sie in schweren Zeiten lange durch und sind »krisenfest«.

Bisweilen neigen Sie aber auch zu Unnachgiebigkeit oder Verschlossenheit, vor allem wenn Ihre ureigensten Interessen angegriffen oder infrage gestellt werden.

Sie lieben die Natur.

Sie handeln gern nach bewährten Methoden, was Sie in Ihren Reaktionen bisweilen etwas langsam macht. Sie werden wohl ein eher gemäßigtes Tempo in allen Angelegenheiten des Lebens vorlegen (Ausnahme: *Mars* im Widder oder *Mars-Uranus*-Aspekte). Positiv gelebt besitzen Sie viel Natürlichkeit und der Kontakt mit der Natur ist zum Aufladen Ihrer Kräfte segensreich. Was Sie ärgern kann, ist die Tatsache, dass oft »die dümmsten Bauern die größten Kartoffeln ernten«!

Die Lernaufgabe des Stier-Aszendenten wäre das Loslassen von unnützem Ballast, von Gier und die tiefere Auseinandersetzung mit dem Leben. Meist finden sich Neptun-, Uranus- und Pluto-Spannungsaspekte im eigenen Geburtshoroskop, die diese Aufgabe unterstützen. »Lerne mehr Beweglichkeit in allem«, lautet die Aufgabe. Ihre Geburtsherrscherin *Venus* stimuliert Ästhetik und Harmonie; so kann ein Stier-Aszendent über die Liebe und durch schöpferische Aktivitäten diese Lernaufgaben leichter bewältigen. Unser Dasein pulsiert im Stirb und Werde. Dadurch bleibt es lebendig – genau das sollte ein Stier-Aszendent in diesem Leben lernen.

Venus herrscht auch über Ihr sechstes Haus (in der Waage), und so tun Ihnen Wellness-Wochenenden in einem Gesundheitshotel recht gut. Analysieren Sie immer Ihre Partnerschaft, arbeiten Sie an einer guten Beziehung. Lassen Sie »es« hier nicht schleifen. Aber auch schöne Musik oder die Künste (als Hobby) unterstützen kräftig Ihre Heilung und Gesundheit!

Stier ist Herrscher von Haus zwei

Hier geht es um Besitz, um Substanz, um Raumansprüche, um den eigenen Energiehaushalt, die Vorratssicherung, um unsere Talente, unsere finanziellen Mittel, um unser Vermögen, um den Selbstwert und die Selbstverteidigung. Sind Planeten in diesem Haus, dann erleben wir diese Bereiche besonders deutlich!

Hier geht es um Ihren Besitz und Ihre Talente.

Aszendent Zwillinge

Sie legen sich ungern fest und sind äußerst vielseitig.

Die Neugierde ist eine seiner wichtigsten Antriebe. Kaum die Welt betreten, war der Zwillinge-Aszendent schon ganz entzückt von den vielen Eindrücken, die diese ihm bot. »Sich regen bringt Segen«, gehört zu seinem Motto. Alles ist äußerst interessant, was um ihn herum geschieht. Deshalb kann er sich nur schwer für eine Sache entscheiden, weil ihm dann andere Dinge möglicherweise durch die Finger gleiten.
Das führt natürlich oft zwangsläufig zur Zersplitterung, zur Rastlosigkeit oder zu manchen Oberflächlichkeiten. Der Zwillinge-Aszendent nimmt die Welt erst mal durch geistige Wahrnehmung auf. So vernachlässigt er seine emotionalen, gefühlsmäßigen oder körperlichen Bedürfnisse. All das erscheint ihm nämlich ein wenig diffus oder einschränkend gegenüber seiner geistigen Freiheit. Deshalb legt er sich ungern fest, hält sich in zwischenmenschlichen Beziehungen mit Vorliebe ein paar Türen offen und hat bisweilen Terminprobleme.
Als Zwillinge-Aszendent wirken Sie auf Ihre Mitmenschen äußerst beweglich und vielseitig. Manche werfen Ihnen sogar vor, Ihre Vielseitigkeit sei unberechenbar. Neugierig und aufgeschlossen gehen Sie auf Menschen oder Aufgaben zu und widmen sich Ihren Interessen.
Ihre markantesten Eigenschaften sind Ihre Kontaktfreude und -fähigkeit sowie Ihre große Aufgeschlossenheit vielen Dingen gegenüber. Sie reden oder schreiben gern und sind an allen Neuigkeiten in dieser Welt interessiert. Denken Sie aber auch an das Sprichwort: »Reden ist Silber, Schweigen ist Gold.« Die Telekom freut sich sicher über die monatliche Abrechnung, denn Zwillinge-Aszendenten telefonieren oft, gerne und lange!

Sie beobachten alles und ziehen sämtliche Möglichkeiten in Erwägung. Dies führt allerdings auch wieder dazu, dass Sie sich des Öfteren nicht entscheiden können. Ihre Schnelligkeit und Beweglichkeit ermöglichen Ihnen rasche Reaktionen. Als Zwillinge-Aszendent können Sie gut vermitteln, stellen gerne Verbindungen zwischen den Menschen her und geben auch all Ihr Wissen (oder Ihre Neuigkeiten) bereitwillig an andere weiter, denn Ihr Geburtsherrscher ist *Merkur.* Diese Planetenenergie befähigt zur gedanklichen Kombination der Erkenntnisse. Mit ihm wollen wir lernen, Informationen und Wissen sammeln und diese in Worte und Begriffe fassen. Diese rein intellektuellen Fähigkeiten sind jedoch nicht mit Weisheit (*Jupiter,* Haus neun) gleichzusetzen!

Kommunikation und Medien sind elementar für Sie.

Kommunikation und Medien spielen bei Ihnen eine sehr große Rolle. Zwillinge-Aszendenten ohne Telefon, Video, Radio oder CD-Player werden gemütskrank.
Als Zwillinge-Aszendent beobachten Sie gern und dadurch öffnen sich Ihnen eine Vielzahl von Möglichkeiten. Allerdings haben Sie auch Probleme mit klaren Entscheidungen, denn Ihre Interessen und Neigungen sind weit gestreut. Wie könnte man sich für eine Sache entscheiden, wenn man dadurch andere Möglichkeiten kurzzeitig aufgeben müsste?
Andere Menschen halten Sie vielleicht für zu oberflächlich.
Die körperliche Erscheinung eines Zwillinge-Aszendenten ist meistens recht feingliedrig und jugendlich (auch im Alter). Franz Beckenbauer beweist uns das, Steffi Graf, Henry Kissinger oder Louis de Funès (alle besitzen einen Zwillinge-Aszendenten).
Sie haben ein Gespür für Details, verlieren sich aber oft darin oder sehen den Wald vor lauter Bäumen nicht mehr. Die Flut an Informationen überspült Sie oft und schnell verlieren Sie dann Ihren Blick für die höheren beziehungsweise tieferen Erkenntnisse.

Diese gewinnt man nur in der Stille, wenn man sich vom hektischen Alltag zurückzieht. Nur dann kann man den Blick für einen größeren Zusammenhang schärfen. »Ein Ganzes ist mehr als die Summe seiner Teile«, wäre ein passender Lernschritt für den Zwillinge-Aszendenten. Meiden Sie jegliche Oberflächlichkeit, und lernen Sie, sich beeindrucken zu lassen und die Synthese zu finden.

Folgen Sie Ihrem eigenen Weg.

Beim Zwillinge-Aszendenten steht das sechste Haus (Gesundheit) im Zeichen *Skorpion.* Sie sollten immer hinterfragen, ob es auch wirklich Ihr eigener Weg ist, dem Sie folgen. Womöglich dienen Sie fast unbemerkt einem fremden oder alten Sippenmuster. Falls Verstopfung oder Darmprobleme auftauchen, dann sollten Sie sich fragen, was Sie nicht loslassen können. Im Falle einer Krankheit brauchen Sie intensive Heilungsprozesse, denn da hilft keine sanfte Badekur. Selbsterfahrungen sind förderlich, verschiedene psychotherapeutische Behandlungen, die alles Unbewusste ins Bewusstsein holen und tiefe energetische Blockaden lösen!

Zwillinge ist Herrscher von Haus drei

Hier bilden wir uns, entwickeln unsere Lernfähigkeit, unsere Sprache, unsere Kultur und das Kollektive. Hier werden Denknormen übermittelt. Planeten im dritten Haus zeigen unsere natürlichen Kontakte auf, unsere Verwandtschaft, die Nachbarn und unsere Geschwister. Sind Planeten in diesem Haus, dann erleben wir diese Bereiche besonders deutlich!

Aszendent Krebs

Der Krebs-Aszendent nimmt seine Welt vor allem emotional wahr. Seine Feinfühligkeit für das ihn umgebende Umfeld macht ihn auch äußerst empfindsam für die Bedürfnisse anderer Menschen. Zugleich setzt er sich damit einer ständigen Gefahr aus, verletzt zu werden. Deshalb will er nicht vorwärts drängen, sondern krebst lieber seit- oder rückwärts, damit ihn kein anderer umrennen kann. Auch von der eigenen Empfindsamkeit wird er bisweilen förmlich überwältigt. Beim Krebs-Aszendenten spielt der Einfluss des *Mondes* eine starke Rolle, der die Gefühlsnatur stimuliert und je nach Zeichen, Haus und seinen Aspekten unseren Kontaktwunsch, unser Bedürfnis nach Zärtlichkeit, Verständnis und unsere seelische Geborgenheit symbolisiert.

Sie sind äußerst empfindsam und stehen unter dem Einfluss des Mondes.

Als Krebs-Aszendent reagierten Sie schon bei der Geburt sehr sensibel auf aggressive, bedrohliche oder störende Einflüsse von außen. Ganz schlimm ist es für Sie, wenn geliebte Personen Ihnen gegenüber eine mangelnde Zuwendung zeigen. Wechselnde Stimmungen (Mond = Luna = Launen) überschwemmen Ihre Gefühlslage. Wenn Sie sich davor gar nicht mehr retten können, ziehen Sie sich zurück, um einer Überflutung Ihres melancholischen Temperaments zu entgehen. Passende Sprichwörter für den Krebs wären: »Der Apfel fällt nicht weit vom Stamm« oder »Aufgeschoben ist nicht aufgehoben«! Äußerlich weist ein Krebs-Aszendent (auch Hans-Dietrich Genscher, 21.3.1927) meistens weiche Gesichtszüge (mondförmig) oder einen eher rundlichen Körper auf.

Andere Menschen fühlen sich durchaus hingezogen zu Ihrer fürsorglichen Art und vertrauen Ihnen gerne ihre Sorgen und Nöte an. Ein Aszendent Krebs geht nie gerne und direkt auf die Dinge zu, sondern er bevorzugt seinen typischen Krebs-Gang (Umwege, etwas seit- oder rückwärts) oder drei Schritte vor und zwei zurück. Sie bleiben sehr lange Ihrer kindlichen Unschuld treu und oft ein Leben lang den Eltern seelisch stark verbunden (im positiven als auch im negativen Sinne). Ihre Erinnerungen aus der Kindheit sind für Sie realer als Ihre zukünftigen Möglichkeiten. So lebt der Krebs oft mehr in der Vergangenheit und ist weniger an der Zukunft interessiert.

Entwickeln Sie mehr Mut zum eigenen Ich.

Sie halten sich lieber an vertraute Methoden (und Menschen) und am wohlsten fühlen Sie sich dort, wo Sie seelische Geborgenheit empfinden (»Trautes Heim, Glück allein!«). Dann öffnen Sie sich und zeigen Ihr Mitgefühl, das liebe Menschen gerne in Anspruch nehmen dürfen. Sie sind meist nur in einer Stimmung, die Ihnen voll entspricht, und dort, wo Sie sich auch gefühlsmäßig wohl fühlen, kontaktfreudig. Ansonsten wirken Sie ein bisschen scheu und reserviert. Ihre sehr empfindsame Veranlagung ermöglicht es Ihnen, Ihre Mitmenschen schnell zu verstehen. Der Nachteil daran ist Ihre geringe Frustrationstoleranz. Schnell sind Sie verletzt und reagieren darauf beleidigt mit Rückzug.

Sie brauchen öfter mal eine kleine Ruhepause, um sich zu regenerieren. Ihre emotionale Sicherheit erhalten Sie sich durch vorsichtiges Festhalten an gewohnten Verhaltensweisen, an Erziehungsmustern oder an gesellschaftlichen Konventionen. Dies liefert Ihnen den für Sie notwendigen Schutz vor Verletzungen. Die eigene Wohnung und die Familie spielen eine große Rolle für Ihre psychische Stabilität. Sind Sie ein Feuer- oder Erdzeichen mit Krebs-Aszendent, so könnten Sie durch berufliche Aktivitäten und den daraus resultierenden Erfolgen so manche seelische Unsicherheit oder Stimmungsschwankung des Krebs-Aszendenten wettmachen.

Die Lernaufgabe Ihres Krebs-Aszendenten ist, sich eine stabilere Schale zuzulegen, damit Sie sich besser schützen und abgrenzen können. Dann werden Sie auch mutiger in der Außenwelt auftreten. Sie sollten andere nicht durch Ihre Empfindsamkeit manipulieren (auch Selbstmitleid führt zu nichts), sondern mehr Mut zum eigenen Ich entwickeln. »Lerne mehr Selbstständigkeit im Auftreten«, ist Ihre Lebensaufgabe.

Lernen Sie, sich abzugrenzen.

Beim Krebs-Aszendenten befindet sich im sechsten Haus (Gesundheit) das Zeichen *Schütze.* Sie sollten wissen, dass Gesundheit wichtig ist, um sich selbst zu entwickeln. Ab und zu eine Auslandsreise und alle nichtheimischen Arzneien, Tees, Kräuter etc. tun Ihnen echt gut. Wie wär's mal mit einer ayurvedischen Kur?

Krebs ist Herrscher von Haus vier

Dieses Haus enthält das Kollektiv, symbolisiert die Zugehörigkeit zu einer Familie, zeigt unsere Herkunft, unsere Heimat und unsere Mutterbeziehung auf. In diesem Haus sind wir mit den Traditionen verbunden, hier empfinden wir ein Nestgefühl, eine Heimatverbundenheit oder entwickeln unser Urvertrauen. Sind Planeten in diesem Haus, dann erleben wir diese Bereiche besonders deutlich!

Aszendent Löwe

Selbstverständlich weiß ein Löwe-Aszendent schon bei der Geburt, dass die Welt förmlich auf ihn gewartet hat und dass er etwas ganz Besonderes ist, doch er sollte daran denken: »Es ist nicht alles Gold, was glänzt!«

Sie besitzen sehr viel Kreativität.

Er fühlt sich oft und gern als Mittelpunkt des Geschehens und zieht, wenn es sein muss, sogar mit Gebrüll die Aufmerksamkeit des Publikums auf seine Person. Da er fest von seiner eigenen Wichtigkeit überzeugt ist (Vorsicht: »Eigenlob stinkt!«), begegnet er unserer Welt selbstsicher. Als Strahlemann/-frau empfängt der Löwe-Aszendent dann auch die entsprechend große Beachtung oder den Respekt seiner Umgebung. Die meisten seiner Handlungen sind deshalb auf Wirkung, auf Anerkennung oder auf Beifall ausgerichtet, und so stellt sich ein Löwe-Aszendent auch gerne zur Schau. Giorgio Armani (11.7.1934) hatte ebenfalls einen Löwe-Aszendenten, aber auch Richard Burton oder Maurice Chevalier profitierten von dieser angeborenen königlichen Ausstrahlung.

Ein Löwe-Aszendent ist ungeheuer kreativ. Sein Auftreten oder seine Erscheinung ist einfach nicht zu übersehen. Meist wirkt er attraktiv auf andere; sein stolzer und selbstbewusster Gang und sein Strahlen im Gesicht zeugen davon. Viele besitzen sogar noch eine auffallende Löwenmähne, doch alle eignen sich für Führungs- oder Repräsentationsaufgaben.

Der Löwe-Aszendent erhöht Ihr Charisma und Sie strahlen eine natürliche Autorität aus. Ihre Anstrengungen sind mehr auf die großen Dinge gerichtet. Sie möchten alles, was Sie tun, aus Überzeugung tun können und verachten kleinliche Charaktere und Verhaltensweisen. Sie zeigen Ihre Abneigung ganz deutlich, denn blöde oder unbedeutende Personen strafen Sie mit königlicher Nichtbeachtung. Neigen Sie eher zum Angriff, dann ist Arroganz Ihre Waffe, doch denken Sie daran: »Arroganz ist das Selbstbewusstsein des Minderwertigkeitskomplexes!« Es ist deshalb wichtig, dass Sie sich durch Ihre Leistungen das Umfeld schaffen, in dem Sie im Großen wirken können. Sonst wäre nur Platz für Prahlerei und erborgte Allüren, aber: »Hochmut kommt meist vor dem Fall.« Allerdings bestehen wenig Zweifel, dass es Ihnen gelingen wird, die Sphäre von Größe und Freiheit zu sichern, um sich wohl fühlen zu können.

Sie haben schauspielerisches Talent.

Sie besitzen von Natur aus schauspielerische Talente, die Sie bei Ihrem Auftreten und in Ihrer Wirkung auf andere einsetzen. Leider sind bisweilen auch theatralische Auftritte in diesem Repertoire mit enthalten!

Alles dreht sich meist um Sie selbst, doch oft sehen Sie die Welt zu sehr als Bühne, auf der man seinem persönlichen Geltungsbedürfnis nachkommt. Dann sind Sie nicht sensibel und offen genug für die Wünsche und Bedürfnisse anderer. Negativ bestrahlt stellt ein Löwe-Aszendent seine angeborene Autorität in den Dienst der eigenen Selbstverherrlichung. Positiv bestrahlt beschützt er all seine Lieben und wird seine großzügige Ader zeigen. Wen er liebt, der steht unter seinem persönlichen Schutz (wie auch im Tierreich).

Die *Sonne* ist seine Impulsgeberin. Sie stimuliert die Qualität des Selbstbewusstseins. Sie schenkt uns Lebensenergie und ihre Kraft steuert unseren Willen und unsere Lebensziele.

Das polare Zeichen *Wassermann* könnte Sie daran erinnern, dass reine Selbstverwirklichung nicht unbedingt auf Kosten anderer gehen muss, denn einen Teil davon kann man sehr gut für gemeinschaftliche oder humanitäre Ziele einsetzen. »Lerne zu differenzieren.« Wer nämlich so viel königliche Huldigung und Aufmerksamkeit für sich selbst in Anspruch nimmt (»Vermeide jeden Stolz«), sollte im Gegenzug auch seine königlichen Pflichten (Dienst am Nächsten) erfüllen, denn ein König ist in erster Linie »der oberste Diener seines Volkes«.

Gesundheit ist ein wichtiges Thema für Sie.

Beim Löwe-Aszendenten befindet sich das Zeichen *Steinbock* im sechsten Haus (Gesundheit). Sie sollten deshalb volle Verantwortung für Ihre Gesundheit übernehmen. Doch der Löwe-Aszendent hat dafür wenig Interesse. So werden kleine Beschwerden gerne verdrängt. Wichtig wäre für Sie, in der Gesundheitsvorsorge diszipliniert und konsequent zu sein. Traditionelle Heilweisen wirken bei Ihnen besonders gut, alternative Methoden dafür weniger. Sie brauchen auch in der Therapie feste Strukturen, dann geht es Ihnen bald besser!

Löwe ist Herrscher von Haus fünf

Hier zeigt sich unsere Spielwiese, hier erproben wir uns selbst, hier experimentieren wir und entwickeln Risikofreude. Dazu gehören künstlerischer Ausdruck, der Einsatz von Talenten, Freizeitvergnügungen, das Imponiergehabe und die Erotik. Und natürlich auch die biologischen Resultate dieser erotischen Vergnügungen. Sind Planeten in diesem Haus, dann erleben wir diese Bereiche besonders deutlich!

Aszendent Jungfrau

Durch den Jungfrau-Aszendenten sind Sie von Natur aus eher vorsichtig und zurückhaltend, sowohl anderen wie auch sich selbst gegenüber kritisch eingestellt. Sie suchen nach Perfektion (z. B. in der Arbeit, zu Hause, in einem Wissensgebiet) und möchten keine leeren Versprechungen abgeben. So bleiben Sie lieber im Hintergrund, bis Sie Ihre Umgebung genau beobachtet haben (»Vorsicht ist die Mutter der Porzellankiste«). Nur wenn es aus sachlichen oder fachlichen Gründen gerechtfertigt ist, treten Sie in Erscheinung.

Es fällt Ihnen leichter, etwas für andere als für sich selbst zu fordern.

Es fällt Ihnen wesentlich leichter, zugunsten einer Sache oder eines Schwächeren Ansprüche zu stellen als für sich selbst. Ein Jungfrau-Aszendent nimmt meistens seine persönlichen Anliegen und Wünsche zu wenig wahr oder traut sich nicht, konkret etwas zu fordern.

Schon bei der Geburt war der erste Eindruck eine eher nüchterne Bestandsaufnahme. Die Frage nach Nützlichkeit und Produktivität in allen Angelegenheiten ist für Sie von großer Bedeutung. Sie erleben sich als Rädchen einer großen Maschinerie und deshalb stellen Sie persönliche Bedürfnisse leider oft zurück. Sie sind krisenerprobt und problemfest. Auch Helmut Schmidt (23.12.1918) bewies häufig genug seinen schier unermüdlichen Arbeitseinsatz und sein Fachwissen.

Sie wollen Ihre Aufgaben optimal erfüllen und beachten übervorsichtig jedes Detail (»Wer den Pfennig nicht ehrt, ist des Talers nicht wert!«). Dadurch wirken Sie bisweilen zu perfektionistisch oder fast bürokratisch.

Ein Jungfrau-Aszendent ist meist von klassischer Schönheit. Auffallend sind wohlgeformte Körperkonturen (außer Sie haben zum Beispiel Jupiter im ersten Haus oder eine genetisch bedingte Veranlagung zu körperlicher Fülle). Der kritisch-prüfende Blick ist Teil Ihrer Ausstrahlung, denn Sie können glänzend analysieren und gut beobachten. Ihnen entgeht kein noch so winziges Detail einer Person oder Sache.

Der Jungfrau-Aszendent ist kein Draufgänger, Abenteurer oder Sprücheklopfer. Sie werden ohnehin immer wieder von großen Ängsten geplagt. Wenn diese dazu führen, dass Sie sich emotional dem Leben gegenüber verschließen, dann werden Sie starr und unflexibel, was sich nach einiger Zeit auch in der Körperhaltung widerspiegeln wird. Durch Fleiß, unermüdlichen Arbeitseinsatz und durch Geschäftigkeit versuchen Sie stets dem Unausweichlichen, Unkontrollierbaren oder dem Chaos in allem zu entkommen.

Sie sind ein glänzender Beobachter.

Ein Jungfrau-Aszendent bräuchte noch ein paar feurige oder luftige Elemente, damit er sich nicht als Opfer degradiert. *Merkur* ist Geburtsherrscher der Jungfrau. Er ist die Energie, die wir zum Lernen, zum Kommunizieren und zum Entwickeln eines gesunden Intellekts benötigen. Gerade das Gegenzeichen *Fische* könnte den Jungfrau-Aszendenten immer wieder daran erinnern, dass es zwischen Himmel und Erde Dinge gibt, die man nicht messen, zählen, wiegen oder gar begreifen kann. »Lerne zu vertrauen und vermeide zu viel Skepsis.« Der Lernschritt des Jungfrau-Aszendenten wäre, mehr Hingabe und Mitgefühl zuzulassen und auch den »unordentlichen« Aspekten des Lebens mutiger zu begegnen.

Das Zeichen *Wassermann* befindet sich in Ihrem sechsten Haus (Gesundheit). Normale Gesundheitstherapien sprechen bei Ihnen nicht an. Sie benötigen ungewöhnliche Heilweisen, die noch nicht von den Schulmedizinern anerkannt werden. Und Sie brauchen gute Freunde oder eine Gruppe Gleichgesinnter, die Ihnen neue Anregungen liefern werden. Dann fühlen Sie sich wohl!

Jungfrau ist Herrscher von Haus sechs

In diesem Haus geht es um unseren Existenzkampf, die Alltags- und Arbeitsprobleme, um unsere Leistungsbereitschaft, unser soziales Engagement, um den Willen und die Bereitschaft zu dienen und um alle psychosomatischen Prozesse. Sind Planeten in diesem Haus, dann erleben wir diese Bereiche besonders deutlich!

Hier zeigt sich Ihre Leistungsbereitschaft.

Aszendent Waage

Sie sind äußerst charmant.

Aszendent-Waage-Kinder sind ausgesprochen hübsch – vor allem wenn sie durch Kaiserschnitt auf die Welt kamen. Schon an der Mutterbrust lernte das Aszendent-Waage-Baby sehr schnell, dass sein Lächeln die Erwachsenen verzaubert. So zeigt der Waage-Aszendent immer wieder diese Schokoladenseite, denn das ist sein andauernder »Flirt mit dem Leben«. Keine Angst, der Waage-Aszendent ist deshalb noch lange kein Heuchler oder Falschspieler: Er lächelt meistens, denn seine wohlwollende und friedliche Veranlagung, auf die Mitmenschen zuzugehen, veranlasst ihn dazu.

Natürlich verstärkt sich das Schönheits- und Ästhetikempfinden enorm durch diesen *Venus*-Aszendenten. Ihre große Waffe im Kampf des Lebens ist eindeutig Ihr Charme, den Sie jedoch niemals aufdringlich einsetzen werden. Als Luftzeichen können Sie sich nämlich spielerisch leicht all den verschiedenen Situationen anpassen. Aus dem Rahmen fallen Sie ohnehin nicht gerne. Der Waage-Aszendent weist meist wohlproportionierte Rundungen auf; manche davon sind sogar ausgesprochen graziös und feingliedrig wie Balletttänzer. Doch Ihr guter Geschmack in Bezug auf Kleidung, Farben und Formen ist auf jeden Fall stets positiv ausgeprägt.

Sie haben leider kein Fünkchen kämpferisches Feuer in sich (Ausnahme: Ihr *Mars* im Widder und Spannungsaspekte zwischen *Mars* und *Uranus* oder *Mars* und *Pluto*) und deshalb lehnen Sie Aggressionen und Konflikte ab. Sie möchten Ihre Ziele durch Diplomatie und Entgegenkommen erreichen. Die rohe Ellbogenmentalität eines Widders stößt Sie förmlich ab.

Ihre Kompromissbereitschaft ist enorm groß, doch Ihre Entscheidungsschwäche beschert Ihnen immer wieder eine Art

»Handlungsunfähigkeit«. Auch David Bowie, Alain Delon, John F. Kennedy und Caterina Valente besitzen oder besaßen einen Waage-Aszendenten.
Sie sind stets bemüht, mit allen Menschen in Frieden zu leben. Eine aggressive oder disharmonische Umgebung kann Ihr ganzes Wesen aus dem Gleichgewicht bringen. Sie empfinden dann ein fast zwanghaftes Bedürfnis, auszugleichen, zu vermitteln oder andernfalls zu gehen, doch auch hier spüren Sie: »Wer die Wahl hat, hat die Qual!«
Durch Ihre Kontaktfähigkeit und Ihre Liebe zur Geselligkeit finden Sie immer wieder neue Verbindungen und stellen vielseitige Kontakte her. Ihre geistvolle Lebenseinstellung und Ihr Charme wecken bei anderen viel Sympathie und Zuneigung. Deshalb werden Sie selten wirklich alleine sein.

Eine harmonische Umgebung bringt Sie wieder ins Gleichgewicht.

Das Gegenzeichen *Widder* fordert Sie quasi heraus, sich in Ihren Beziehungen mit anderen zu messen. Daher sollten Sie lernen, Ihre Standpunkte auch mal offensiv zu vertreten.
»Lerne, dich zu entscheiden!« ist eine ganz wichtige Lebensaufgabe des Waage-Aszendenten. Dazu muss man die hohen Ideale von ewigem Frieden, von andauernder Gerechtigkeit kurzzeitig zurückstellen, jede Unehrlichkeit vermeiden und sich in dieser unperfekten Welt ganz engagiert einsetzen. Frommes Wunschdenken hilft hier genauso wenig wie konfliktscheue Vermeidungsstrategie. Mit Beschönigungen kann man über all das Unangenehme in der Welt nicht hinwegsehen. Mehr Mut zum eigenen Ich und zum Selbstausdruck ist Lernschritt des Waage-Aszendenten.
Das sechste Haus (Gesundheit) steht bei Ihnen im Zeichen *Fische.* Das macht Sie empfänglich für sehr feinstoffliche Heilmethoden, wie zum Beispiel Aura Soma, Bach-Blüten, Homöopathie und Spagyrik. Durch Allopathie werden Sie dagegen oft kränker. Zum Wohlfühlen brauchen Sie auch ein wenig

Meditation, Religion oder die Beschäftigung mit den spirituellen Geisteswissenschaften, dann geht's Ihnen prima!

Versuchen Sie es einmal mit Meditation und spirituellen Heilweisen.

Waage ist Herrscherin von Haus sieben
Hier geht es um unser Streben nach Ergänzung, um die Öffnung zum »Du«. Beziehungen und Ehe sind im siebten Haus symbolisiert, aber auch unser Kontaktverhalten, unsere Bindungen, geschäftliche Partnerschaften und Verträge. Sind Planeten in diesem Haus, erleben wir diese Bereiche besonders deutlich!

Aszendent Skorpion

Der Skorpion-Aszendent weiß schon von klein auf, dass unsere Welt kein sicherer Ort ist. Instinktiv begreift er, dass er dieses geschenkte Leben ganz schnell wieder verlieren kann. Schon die Geburt war für einen Skorpion-Aszendenten oder dessen Mutter ein Kampf um Leben und Tod, denn bei ihm heißt es oft: »Ein Unglück kommt selten allein.«

Sie haben das Bedürfnis nach intensiven Erlebnissen.

Er unterscheidet im späteren Leben gern zwischen »Schwarz und Weiß«, »Freund und Feind«. Schon früh entwickelt er deshalb ein Bedürfnis nach ganz intensiven Erlebnissen. Er wird es nicht zeigen, doch er ist extrem eifersüchtig. Vergessen sollte er jedoch nie: »Eifersucht ist eine Leidenschaft, die mit Eifer sucht, was Leiden schafft!«

Tief innen sind Sie davon überzeugt, dass Sie sich nur durch Kontrolle und Macht im Lebenskampf behaupten können.

Der Nachteil dabei ist, dass Sie vor lauter Kontrollzwang, Misstrauen oder Machtbedürfnis blind werden können für die doch sehr erfreulichen Seiten des menschlichen Daseins. Der Skorpion-Aszendent wirkt im Auftreten irgendwie unnahbar. Diesen Schachzug setzen Sie bewusst ein, damit andere Ihnen nicht gleich in die Karten schauen. So wirken Sie mitunter harmlos, auf andere jedoch unwiderstehlich oder gar faszinierend, doch andere wiederum schreckt das förmlich ab.

Rein äußerlich besitzt der Skorpion-Aszendent recht markante Gesichtszüge und meist einen durchdringenden Blick. Er geht nicht offensiv auf andere zu, denn auf diese Weise kann er sie besser kontrollieren. Im günstigsten Moment fährt er dann seinen Stachel aus, doch er sollte daran denken: »Wer anderen eine Grube gräbt, fällt manchmal selbst hinein!«

Sein Herrscher ist *Pluto,* Herr über unser Unterbewusstsein.

Pluto ist das Bild des höheren Selbst, der geistige Wille oder die Kern- und Motivationskraft, die wandelnd und transformierend wirkt. Er demaskiert alles, zerstört alte Konzepte, Über-Ich-Formen und bewirkt Metamorphose. Er steht für »Stirb und werde«, »Tod und Auferstehung«!

Als Skorpion-Aszendent sind Sie engagiert und gleichzeitig kompromisslos. Ausdauer und Entschlossenheit gehören zu Ihren Stärken. Kaum jemand bemerkt Ihre innere Verletzlichkeit und Ihre Überlebens- oder Verlustängste. Viel eher hat sich herumgesprochen, dass Sie ein gefürchteter Gegner sind. Der Ruf des Skorpion-Aszentenden ist denkbar schlecht. Sie besitzen das Gedächtnis eines Elefanten, wenn es um frühere emotionale Verletzungen geht. Eines Tages werden Sie sich dafür rächen, denn Sie können lange auf den günstigsten Moment warten, denn: »Wer zuletzt lacht, lacht am besten.«

Ausdauer und Entschlossenheit gehören zu Ihren Stärken, Eifersuchts- und Hassgefühle zu Ihren Schwächen.

Im persönlichen Kontakt wirken Sie verschlossen, zurückhaltend oder beobachtend, bis Sie die Situation überblicken.

Meisterhaft beherrschen Sie all Ihre Reaktionen und keiner sieht Ihnen an, welche Ziele Sie in Wahrheit verfolgen. Da Sie das meisterhaft beherrschen, vermuten Sie das auch bei anderen oder spüren verborgene Motivationen sofort heraus. Nur wenn Sie sich stark und sicher fühlen, öffnen Sie sich. Jetzt ist von Ihrer ursprünglichen Zurückhaltung nicht mehr viel übrig. Sie werden dann extrem offen, nehmen kein Blatt mehr vor den Mund oder legen verbal Ihren »Finger« auf die Wunden Ihrer Mitmenschen. Diese Direktheit kann andere sehr verletzen. Allerdings stehen Sie mit der gleichen Konsequenz auch Ihren Freunden bei. Menschen, die Sie einmal akzeptiert haben, werden von Ihnen viel Fairness, Loyalität und Treue zu spüren bekommen.

Die Nachteile eines Skorpions sind Eifersuchts- oder Hassgefühle, denn die größte Angst überfällt Sie, wenn Sie einen

geliebten Menschen loslassen müssen. *Pluto* ist Ihr Herrscher und er will psychische Metamorphosen bewirken. »Lerne, Abschied zu nehmen«, gehört zu Ihrem Lernschritt. Deuten Sie nicht auf die Wunden anderer Menschen, sondern vollziehen Sie eigene Umwandlungen. Das ist der eigentliche Sinn dieser skorpionischen Aufgabe.
Ihr Gegenzeichen *Stier* könnte Ihnen beibringen, etwas mehr Genussfähigkeit und Vertrauen zu entwickeln. Dann können Sie anderen durch Ihre Unerschrockenheit ein Vorbild sein, denn Sie besitzen einen sicheren Instinkt und hintergründige Erkenntnisse, die Sie in den Dienst des Lebens stellen können. Das Loslassen von Misstrauen, von Macht- und Kontrollzwängen, von Rachegefühlen und dafür mehr Hinwendung zu den sinnlichen Genüssen des Lebens wäre der Lernschritt Ihres Skorpion-Aszendenten.

Wenden Sie sich mehr den genüsslichen Seiten des Lebens zu.

Wenn Ihre Initiative von anderen gestoppt wird, dann reagieren Sie intensiv. Bei Ihnen befindet sich nämlich das Zeichen *Widder* im sechsten Haus (Gesundheit). Unterdrückte Energien, Stress und Ärger führen deshalb leicht zu Aggressionen, die wiederum Verletzungen, Entzündungen oder Infektionen auslösen können – meist kurz und heftig. Sport ist daher eine gute Gesundheitsvorsorge für Sie, sollten Sie sich dabei auch kräftig verausgaben. Sehr gut wirken bei Ihnen klassische Akupunktur und diverse Spritzen (ein bisschen wehtun darf's schon) – und ganz schnell fühlen Sie sich wieder wohl in Ihrer Haut!

Skorpion ist Herrscher von Haus acht

Dieses Haus steht für unsere Gesellschaftsstruktur, für Gesetz und Ordnung, zeigt unser Status- und Machtstreben auf, fordert Anpassung und Pflichten, symbolisiert fremde Mittel und vor allem den Stirb-und-werde-Prozess, dem wir immer wieder unterworfen sind. Befinden sich Planeten in diesem Haus, dann erleben wir diese Bereiche besonders deutlich!

Aszendent Schütze

Sie strahlen Optimismus und Zuversicht aus.

Abraham Lincoln, Bertolt Brecht, Gérard Depardieu, Friedrich Dürrenmatt, Nelson Mandela, Diego Maradona, Bob Marley, Elizabeth Taylor und Mutter Teresa haben oder hatten einen Schütze-Aszendenten. Eines ist beziehungsweise war ihnen allen gemeinsam: Der Schütze-Aszendent begegnet der Welt voller Optimismus und Zuversicht.

Der freudige Erwartungsdruck der Eltern war schon vor der Geburt vorhanden, denn nichts wurde sehnlicher erwartet als dieses neue Kind, in das man recht große Hoffnungen setzte. Kein Wunder, dass das Schütze-Aszendent-Baby den ersten und prägenden Eindruck gewinnt, auf dieser Welt willkommen zu sein. Das stärkt seine Selbstsicherheit, für einen höheren Auftrag vorgesehen und mit Gottvertrauen ausgerüstet worden zu sein, denn: »Aller guten Dinge sind drei.« Wer von klein auf so stark an Gutes, an Höheres oder an die Wahrheit glaubt, strahlt diese innere Überzeugung auch aus. Die Therapie des »positiven Denkens« beruht ja auch auf diesem Grundprinzip!

Der Herrscher des Schütze-Aszendenten ist *Jupiter.* Er schenkt Ihnen eine Portion Begeisterung und macht Sie zu einem wahren Idealisten, doch er könnte auch den Leitsatz stimulieren: »Wer angibt, hat mehr vom Leben!«

Ungerechtigkeiten spüren Sie sofort und Sie können dann recht jähzornig werden. Doch die Wut ist nicht einem gekränkten Ego entsprungen, sondern sie entzündet sich bei Übertretungen gesellschaftlicher, moralischer oder rechtlicher Grenzen. Ihr Auftreten als Schütze-Aszendent ist selbstsicher und großzügig, denn Jupiter macht sie von Natur aus jovial. Er symbolisiert unser Wertbewusstsein, unser Urteilsvermögen, er schenkt uns den Sinn für die richtigen Proportionen und für Gerechtigkeit. Im günstigsten Fall schenkt er sogar Weisheit! Sie sind davon überzeugt, Recht zu haben oder Gutes zu tun. Und Sie wissen auch: »Jeder ist seines Glückes Schmied!« Gerne zeigen Sie Ihren Vorbildcharakter auch anderen. Da der Schütze seine Größe kennt, neigen einige leider auch zu XXL-Übertreibungen (pathetische Sprücheklopfer, Versprechungen, die nicht eingehalten werden) oder zu fast peinlich theatralischen Auftritten. Rein äußerlich haben viele Schütze-Aszendenten deshalb große Hände oder Füße oder auch ein bisschen Körperfülle (je nach genetischer Veranlagung). Ihr Blick ist offen und dieser richtet sich auf die großen Dinge des Lebens. Leicht übersehen Sie deshalb so manches Detail oder das Unmittelbarste direkt neben Ihnen.

Sie beschäftigen sich gern mit den großen Dingen des Lebens.

Ihre Ausstrahlung wird durch Ihre optimistische Grundhaltung und eine vertrauensvolle Lebenseinstellung positiv abgerundet, denn: »Wer das Leben nicht genießen kann, wird bald selbst ungenießbar.« Die Mitmenschen bringen Ihnen deshalb viel Sympathie entgegen.

Auch wenn es kaum erkannt wird: Ihr Selbstwertgefühl ist meist empfindsam und daher suchen Sie in Ihrer Umgebung nach Anerkennung, Bestätigung oder Beachtung. Doch Sie besitzen auch einen starken Freiheitsdrang und der treibt Sie manchmal zu recht impulsiven Handlungen an, wenn Sie sich davon mehr Unabhängigkeit und Selbstständigkeit versprechen.

Es wird für Sie sehr wichtig sein, dass Sie im Beruf einen großen persönlichen Spielraum haben, denn Sie würden es nur schlecht ertragen, sich »eingesperrt« oder »gegängelt« zu fühlen. Meist besitzt der Schütze-Aszendent ein gutes Gedächtnis, doch irgendetwas hat er ständig verlegt oder er sucht oft nach kleinen Dingen.

Ihr polares Zeichen *Zwillinge* könnte Ihnen das Wissen verleihen, dass das große Ganze stets aus verschiedenen Einzelteilen zusammengesetzt ist. »Lerne, dich zu stellen, auch dort, wo es manchmal unangenehm wird.« Als Schütze-Aszendent sollten Sie versuchen, objektive Gegebenheiten zu akzeptieren, aber auch die Meinungen und Wahrheiten anderer zu tolerieren, denn: »Arroganz ist das Selbstbewusstsein des Minderwertigkeitskomplexes.«

Massagen und Reiki fördern Ihr Wohlbefinden.

Bei Ihnen befindet sich das Zeichen *Stier* in Haus sechs (Gesundheit). Sie sprechen besonders gut auf alle körperzentrierten Therapien an. Diverse Massagen und Reiki fördern Ihr Wohlgefühl, schöne Düfte, aber auch ein gutes Essen mit Freunden (natürlich auch zu zweit) tragen schnell zum Genesungsprozess bei. Wollten Sie eine Diät machen? Vergessen Sie das, es klappt nicht. Sich wohl fühlen ist wichtiger!

Schütze ist Herrscher von Haus neun

In diesem Haus symbolisiert sich unser selbstständiges Denken, das eigene Weltbild, unsere Gesinnung, die Wahrheitsliebe, unsere Zivilcourage. Hier wollen wir unser Wissen erweitern (auch durch Reisen in ferne Länder). Sind Planeten in diesem Haus, dann erleben wir diese Bereiche besonders deutlich!

Aszendent Steinbock

Einen Steinbock-Aszendenten besitzen zum Beispiel Sean Connery, Königin Elizabeth II., die Schauspielerin Jane Fonda und der schon verstorbene Erich Honecker. Vielleicht haben sich Ihre Eltern ein Kind anderen Geschlechts gewünscht? Oder Ihre Geburt fand zu einer ungünstigen Zeit statt, in der weder Freude noch die nötige Sicherheit vorhanden war? Wie dem auch sei: Das Kind mit dem Steinbock-Aszendenten kam auf die Welt (»Aller Anfang ist schwer«) und hatte sofort das Gefühl, nicht zu genügen. »Erst die Arbeit, dann das Spiel« ist deshalb bald seine Devise geworden. So wird ein Steinbock-Aszendent-Kind recht schnell erwachsen, damit es sich in der Welt durch seine großen Leistungen beweisen kann und auf diesem Weg endlich die ersehnte Anerkennung erhält.

Sie sind ein Einzelkämpfer, der großes Durchhaltevermögen beweist.

Von klein auf ist der Steinbock-Aszendent zum Einzelkämpfer geboren, und wo ein anderer aufgeben würde, beißt ein Steinbock jetzt erst recht seine Zähne zusammen und folgt unbeirrt und mit großer Ausdauer seinem Ziel, denn er weiß: »Steter Tropfen höhlt den Stein!«

Kritik macht ihn nur noch disziplinierter. Ständig muss er sich und anderen beweisen, dass er doch etwas wert ist. Deshalb nimmt er keine Abkürzung, sondern entscheidet sich für den noch steinigeren Weg. Das zeigt sich auch äußerlich in meist hageren Gesichtszügen und einer schlanken Figur. Alles strahlt nüchterne Klarheit aus, jeder Schnörkel wird vermieden (außer Sie besitzen eine sehr sinnliche Venus im Geburtshoroskop).

Sein Geburtsherrscher ist *Saturn* und der will Klarheit und Kargheit. Diese Energie entspricht unserer Körperlichkeit, unserem Bedürfnis nach Ordnung und Abgrenzung, nach Sicherheit, Ruhe und Aufrechterhaltung des alten Zustands!

Steinbock-Aszendenten fordern sehr viel von sich und gönnen sich meist zu wenig. Die Begegnung mit anderen Menschen findet unter unsichtbaren Schutzmauern statt, dessen Steine aus Disziplin und Pflichtbewusstsein gebaut wurden, denn: »Kommt Zeit, kommt Rat.«
Sprühende Lebendigkeit und fröhliche Ausgelassenheit kennt der Steinbock-Aszendent nicht, doch »Ehrlich währt am längsten« zählt zu seinen Charakterstärken. Gottlob finden sich im Geburtshoroskop meist noch Planeten und Aspekte, die die leichteren Seiten des Lebens stimulieren. Allerdings vermehrt der Steinbock-Aszendent den Ehrgeiz, das Karrierestreben und das Pflichtgefühl. Die Welt des Steinbocks ist eher ernst und voller Verantwortung. Man wird erst beim zweiten Anlauf mit ihm warm und dann erkennt man seine Aufrichtigkeit, denn er weiß zutiefst: »Lügen haben kurze Beine!«

Sie sind ein ernsthafter und verantwortungsbewusster Mensch.

Sie sind durch den Steinbock-Aszendenten eher zurückhaltend und distanziert, wenn Sie jemand nicht kennen. Vielleicht denken Sie auch: »Wenn du beliebt sein willst, dann komm lieber selten«? Ihre Selbstkritik ist meist zu stark entwickelt. Oft beurteilen Sie auch Ihre Mitmenschen nach ähnlich strengen Kriterien. Ihr Bedürfnis nach Perfektion und Superleistungen ist verantwortlich für Phasen der Mutlosigkeit. Allerdings besitzen Sie eine zähe Konstitution und sind deshalb in der Lage, lang andauernde Belastungen zu überstehen. Ihr Verhalten ist eher von Ernst und Vorsicht geprägt. Bis Sie andere näher an sich heranlassen, brauchen Sie erst ein Gefühl von Vertrautheit oder Überlegenheit.
Bisweilen werden Sie von Schuld- oder Einsamkeitsgefühlen geplagt. In den depressiven Phasen Ihres Lebens neigen Sie zu unerklärlichen Rückzugs- und Verdrängungsreaktionen.
Beruflich erwerben Sie sich durch Leistung und Fachwissen die Achtung und Anerkennung Ihrer Mitmenschen. Sie könnten

die Karriere eines Spezialisten erreichen, falls nicht Ihr *Uranus* etwas dagegen hat.
Vom Gegenzeichen *Krebs* kann der Steinbock-Aszendent lernen, dass sich echte Verantwortlichkeit nicht nur auf äußere Pflichten und die Lösung verschiedenster Aufgaben bezieht, sondern dass ein Mensch auch gegenüber seinen eigenen Bedürfnissen Verantwortung tragen muss. Dies betrifft sowohl den eigenen Körper wie die eigene Seele. Nur so können Sie im Laufe Ihres Lebens – ähnlich einem guten Wein – zu einem charaktervollen, starken und zugleich gefühlvollen und erlebnisfähigen Menschen heranreifen: »Lerne, auch andere zu verstehen, und verwende keine Verallgemeinerungen.«
Das ist Ihre Lernaufgabe. Da sich bei Ihnen das Zeichen *Zwillinge* im sechsten Haus (Gesundheit) befindet, sollten Sie viele Dinge gleichzeitig nutzen, um gesund zu bleiben oder zu werden. Nur ein Mittelchen wird nicht helfen, denn der Körper braucht verschiedene Anregungen und ist neugierig darauf. Auch wenn Sie es als Steinbock-Aszendent nicht glauben wollen: Sie brauchen viel frische Luft und regelmäßige Atemübungen, dann fühlen Sie sich wohl in Ihrer Haut!

Steinbock ist Herrscher von Haus zehn

Dieses Haus symbolisiert Beruf und Berufung, unsere Autorität oder Anmaßung, unsere Karriere, unseren sozialen Status in der Gesellschaft, unsere wichtigen Lebensziele, unsere Führungsaufgaben oder unser Machtstreben. Sind Planeten in diesem Haus, dann erleben wir diese Bereiche besonders intensiv!

Geben Sie sich der Vielfalt hin.

Aszendent Wassermann

Sie suchen Neuland in allen Dingen.

Der Aszendent Wassermann zeigt sich auch bei Giacomo Casanova, Carl Gustav Jung, bei Karl Marx oder Maximilien de Robespierre. Ein Wassermann-Aszendent sucht sich schon bei seiner Geburt recht unmögliche Situationen aus. Kleine Pannen (Geburt im Taxi, im Zug, im Flugzeug) und auch größeres Pech (Geburtsprobleme, weil er ein Frühchen oder zu spät dran ist, quer liegt oder mit den Füßen voran in die Welt will) sind da meistens an der Tagesordnung. Warum? Das Normale liebt er einfach nicht, vermutlich weil er Angst hat, *nur* ein gewöhnlicher Mensch zu sein: »Lieber schrullig als 08/15«, das ist eine seiner Devisen!

Der Geburtsherrscher ist *Uranus,* jene schöpferische Intelligenz, die Neuland in allen Dingen sucht. Uranus stimuliert den Forscher- und Erfindergeist und sichert sich durch technische oder geistige Systeme ab.

Dieser Start ins Leben setzt sich beim Wassermann-Aszendenten auch später auf seiner Lebensreise fort. Immerzu hagelt es Überraschungen in seinem Leben. Er wechselt die Stellungen wie andere die Hemden, er zieht so oft um, dass er mit dem Zählen schon aufgehört hat. Von heute auf morgen lässt er alles hinter sich, was er vorher aufgebaut hat. Neuanfänge kennt er zur Genüge in seinem Leben, doch er weint auch den finanziellen Verlusten keine Tränen nach. Gerade deshalb fällt es dem Wassermann-Aszendenten schwer, allzu verbindliche Beziehungen zu anderen Menschen einzugehen. Viel eher sucht er Freiheit und eine gewisse Unverbindlichkeit (Freunde), doch vor allem einen regen geistigen Austausch. So kann man ihn als ungeheuer flexibel und offen bezeichnen und auch als liebenswerten Humanisten. Sein kumpelhaftes Auf-

treten ist sein Markenzeichen, denn er begegnet jedem Menschen auf die gleiche menschliche Weise – egal ob ein echter König oder ein armer Bettler seinen Weg kreuzt.
Sein Blick ist wach, denn er ist fasziniert von den schillernden Möglichkeiten des Lebens. Er besitzt schon früh eine Art »Vision einer idealen Gesellschaft« und hat tausend Ideen, wie man diese verwirklichen kann.
Irgendwie ähnelt er einem stets zerstreuten Professor. Genie und Wahnsinn liegen bei ihm dicht beieinander und er tänzelt fasziniert auf diesem dünnen Seil. »Wer sich nicht ändert, gleicht einem abgetragenen Rock«, ist seine Devise!

Echte Freundschaft und soziale Gerechtigkeit sind Ihre Themen.

Das meiste Leben findet natürlich im Kopf statt und so vergisst er oft seinen Körper. Seine Ausstrahlung ist nur selten sehr herzlich oder gar erotisch, dafür jedoch äußerst interessant oder sogar exzentrisch.
Durch den Wassermann-Aszendenten haben Sie ein starkes Bedürfnis nach echter Freundschaft und nach sozialer Gerechtigkeit auf dieser Welt. Nicht selten interessieren Sie sich für soziale, gesellschaftspolitische Belange, für technische oder geistige Verbesserungen, für Gentechnologie, Ökologie, Geisteswissenschaften oder ähnliche Spezialthemen.
Sie sind originell und freiheitsliebend, doch es fällt Ihnen sehr schwer, sich unterzuordnen. Als Wassermann-Aszendent sind Sie ein »Kind der Zeit« und oft sogar noch Ihrer Zeit voraus. Sie sind das lebendige Beispiel eines »Freigeistes«. Ihr Interesse gilt Neuem, sinnvollen Reformen oder dem Unkonventionellen. Ihre große geistige Aktivität prägt Ihr Verhalten und Ihre Lebenseinstellung. Es fällt Ihnen leicht, Kontakte zu schließen, und Sie brauchen einen größeren Bekanntenkreis, damit Sie genügend neue Anregungen bekommen. Trotz Ihrer Beliebtheit bei Freunden sind Sie sorgsam bestrebt, Ihre Unabhängigkeit und Individualität zu wahren. Ein echter Wassermann-

Aszendent widerlegt ganz real die folgende Weisheit: »Wir wurden alle als Originale geboren, doch die meisten von uns sterben als Kopien.« Das kann Ihnen nicht passieren!
Sind Sie dazu in einem »erdigen« Tierkreiszeichen geboren (Stier, Jungfrau oder Steinbock), dann besitzen Sie auch den nötigen Realismus und Fleiß, um Ihre Visionen umzusetzen.
Ihr polares Zeichen *Löwe* könnte Sie als Wassermann-Aszendenten daran erinnern, dass Ideen nicht nur im Kopf vorhanden sein sollten, denn der wird bei so viel Andrang von Ideen dann zwangsläufig blutleer. Bezwingen Sie auch Ihre innere Unruhe und jede Impulsivität. Erst wenn Sie an einer Sache dranbleiben und Ihr *Herz* zum Mittelpunkt Ihrer Visionen machen, werden Sie zum Vorreiter einer besseren und menschlicheren Gesellschaft werden, zum Erbauer des Wassermann-Zeitalters – das ist eine Ihrer Lebensaufgaben.

Gefühlsbetontes Handeln könnte von Vorteil sein.

Bei Ihnen befindet sich das Zeichen *Krebs* im sechsten Haus (Gesundheit). Sie müssen sich deshalb in der Arbeit wohl fühlen und sollten genau beobachten, wann es Ihnen besonders gut geht und wann Sie körperlich reagieren. Achten Sie auch darauf, dass Sie sich in Ihrer Wohnung recht behaglich fühlen. Hören Sie auf Ihre »innere Stimme« und auf Ihre Träume. Falls Sie einmal krank werden, sprechen Sie gut auf alle feinstofflichen Therapien an (Aura Soma, Bach-Blüten, Homöopathie, Spagyrik) und auch positiv auf einfühlsame Therapeuten.

Wassermann ist Herrscher von Haus elf

Hier geht es um unsere Freunde, um unser Bild des höheren Menschen, um Zukunftsideale, um unsere Ethik, das Zusammengehörigkeitsgefühl mit Gleichgesinnten, das Vereinigungsstreben und um Reformen. Hier erfahren wir, was wahre Humanität bedeutet. Sind Planeten in diesem Haus, dann erleben wir diese Bereiche besonders deutlich!

Aszendent Fische

Rainer Werner Fassbinder und Alfred Hitchcock, aber auch Hermann Graf Keyserling und Mirelle Mathieu sind Beispiele für Menschen mit einem Fische-Aszendenten.
Der Fische-Aszendent ist nicht so ganz von dieser Welt, denn: »Stille Wasser sind immer tief.« Schon bei seiner Geburt war er unschlüssig, ob er wirklich diese wässrige Wärme und Geborgenheit des Mutterschosses verlassen sollte. Man musste sicherlich aus ärztlicher Sicht ein bisschen nachhelfen, denn Vorwärtsdrängen ist nun mal nicht seine Devise.

Sie können sich wie ein Chamäleon an Ihre Umgebung anpassen.

Ihr Lebensimpuls ist durch den Aszendenten nicht eindeutig. Sie stehen nicht so gerne im Mittelpunkt der Aufmerksamkeit anderer, außer Ihr Fische-Aszendent wird durch ein feurige Sonne (Widder, Löwe, Schütze) doch noch ichbezogener. Viel eher fühlen Sie sich wohl, wenn Sie sich wieder zurückziehen oder sich Ihren Tagträumen widmen können.
Rein äußerlich ist ein Fische-Aszendent nur sehr schwer auszumachen, denn sein Herrscher *Neptun* kann sich erstaunlich wandeln und sich wie ein Chamäleon an seine Umgebung, eine Situation oder Erfordernisse anpassen. Manche besitzen große »Fisch-Augen«, doch viele erscheinen auch in allen möglichen körperlichen Tarnkappen. Sie nehmen die Schwingung ihrer Umwelt stark auf und verschmelzen symbiotisch mit dieser. Neptun stimuliert die universelle Menschenliebe, das höchste Liebesideal, unsere Identifikation mit bestimmten Dingen, unseren Idealismus, unser soziales Engagement mithilfe unseres Willens zum Helfen. Am ehesten erkennt man den Fische-Aszendenten durch seine großen, meist verträumten Augen. Häufig sind die Gesichtszüge nicht so markant, eher ein bisschen wässrig oder verschwommen – ähnlich

wie manchmal auch seine Körperformen. Die Palette seiner Ausstrahlung kann von Hilflosigkeit über grazile Anmut bis hin zur selbstlosen Aufopferung reichen. Ein Fische-Aszendent ist besonders durchlässig für Beeinflussung von außen. Der Nachteil dabei ist, dass er zwangsläufig nur wenig Widerstandskraft besitzt – vor allem gegen negative Einflüsse. Wird er längerfristig überfordert, entsteht leicht ein chronisches Sucht- oder Fluchtverhalten. Im schlimmsten Fall kann er von den Außeneindrücken dieser Welt förmlich weggeschwemmt werden. Dann verliert er sich im Ganzen, weil er nicht konkret zu sich selbst steht. Man kann den Fische-Aszendenten als schweigsamen Menschen bezeichnen. Sein Bedürfnis, mit anderen zu verschmelzen, bringt automatisch Probleme bei konkreten Handlungen oder bei verbindlichen Entscheidungen. Wird es schwierig oder zu eng für ihn, dann ist er plötzlich wie vom Erdboden verschwunden.

Sie haben eine fast sensitive Veranlagung.

Als Fische-Aszendent hat Ihre Erscheinung etwas Transparentes. Ihre Augen drücken Durchlässigkeit aus. Ihr Gefühl zwingt Sie oft dazu, sich abzugrenzen, um nicht von den vielen Fluktuationen der Umwelt völlig eingenommen zu werden. Am ehesten können Sie sich öffnen, wenn jemand leidet oder Ihre Hilfe benötigt. Dann wird Ihnen Ihre Anteilnahme und Ihr Mitgefühl viel Sympathie und Zuneigung von anderen einbringen. Allerdings könnten Ihre Gutmütigkeit und Ihre nicht immer konsequente Haltung Ihnen Schwierigkeiten verursachen, weil Sie Mühe haben, sich eindeutig zu etwas zu bekennen oder sich klar abzugrenzen. Sie machen sich zwar immer wieder Hoffnungen, doch Sie wissen auch: »Wer um eine Hoffnung ärmer ist, ist auch um eine Erfahrung reicher!«
Es ist deshalb wichtig für Sie, dass Sie mehr Selbstkontrolle üben und eine gewisse Disziplin entwickeln, um das, was nicht zu Ihnen passt oder Ihnen schadet, abzuwehren. Dann können

Sie auch Ihre Unsicherheiten überwinden, die meist aus einer allzu großen Anteilnahme am aktuellen Geschehen resultiert. Im Gegenzug kann ein Fische-Aszendent eine zu starke Sonne (Ichbezogenheit) im Geburtshoroskop sanft abmildern. Ihr Fische-Aszendent schenkt Ihnen eine fast sensitive Veranlagung, Dinge vorauszuahnen und verborgene Motive bei anderen zu erkennen, bevor diese je ausgesprochen werden. Möglicherweise ist Ihre »innere Stimme« oder Ihr Traumleben recht aktiv und schickt Ihnen wichtige Botschaften.

Schärfen Sie Ihren Blick für die Realität.

Ihr Gegenzeichen *Jungfrau* könnte Sie dazu ermuntern, das rechte Maß zu entwickeln, Ihren Blick für die Realität und für das Wesentliche zu schärfen. Nicht immer ist »Reden Silber und Schweigen Gold«. Nehmen Sie konkret Stellung und hüten Sie sich vor Illusionen. Lernen Sie die zeitweise Einsamkeit zu schätzen, das sind wichtige Lernaufgaben für Sie.
Das Zeichen *Löwe* herrscht in Ihrem sechsten Haus (Gesundheit). Sie brauchen viel Sonne und Wärme und sollten Ihren Kreislauf sanft, aber regelmäßig trainieren. Hören Sie auf Ihr Herz, und falls Sie doch mal krank werden, suchen Sie sich eine Autorität als Therapeuten oder Therapien, die »Wunder« vollbracht haben, dann fühlen Sie sich bald wieder wohl!

Fische ist Herrscher von Haus zwölf

Hier ist unser Alleinsein symbolisiert, die Verinnerlichung oder die Isolation. Auch die Flucht ins Irrationale oder der Zugang zur Transzendenz ist hier angezeigt, aber auch Jenseitsphilosophien oder esoterische Lebensinhalte. Hier ist Helfergeist zu finden oder Hilflosigkeit. Sind Planeten in diesem Haus, dann spüren wir diese Bereiche besonders deutlich!

Fazit: Es empfiehlt sich, auch die Gesundheitstipps des jeweiligen Aszendenten auszuprobieren!

Kontaktadressen und Literaturempfehlungen

Aderlass: B. Aschner: »Lehrbuch der Konstitutionstherapie«, Hippokrates Verlag; Abele/Stiefvater: »Aschner-Fibel«, Haug Verlag.
Alchimistische Kosmetik: Lunasol, Soluna GmbH, Artur-Proeller-Straße 9, 86609 Donauwörth, Tel.: 09 06/70 60 60, Fax: 09 06/7 06 06 78, E-Mail: info@Soluna.de.
Akupressur: F. T. Lie: »Akupressur – Chinesische Punktmassage«, Falken Verlag; G. Stux: »Akupunktur, Akupressur und Moxibustion«, Birkhäuser Verlag; H. Tenk: »Punktmassage für Erste Hilfe und Energieausgleich«, Maudrich Verlag; Dr. Frank R. Bahr: »Akupressur, Erfolgreiche Selbstbehandlung bei Schmerzen und Beschwerden«, Mosaik Verlag. Adressen siehe »Akupunktur«.
Akupunktur: C.-H. Hempen: »Atlas für Akupunktur«, dtv Verlag; Dr. Wolf Ulrich: »Schmerzfrei durch Akupunktur und Akupressur«, Heyne Verlag; Carl-Hermann Hempen: »Die Medizin der Chinesen«, Goldmann Verlag; Ted J. Kaptchuk: »Das große Buch der chinesischen Medizin«, Heyne Verlag; Christine Steinbrecht-Baade: »Die Heilkraft der Traditionellen Chinesischen Medizin«, Heyne Verlag; Engelhardt/Hempen: »Chinesische Diätetik«, Urban & Schwarzenberg Verlag; N. Krack: »Die Pulslehre in der chinesischen Medizin«, Haug Verlag. Adressen: SMS Internat. Gesellsch. f. Chinesische Medizin, Franz-Joseph-Str. 38, 80801 München, Tel.: 0 89/33 56 74, Fax: 0 89/33 73 52, Internet: www.tcm.edu; Z.F.M. GmbH, Tagesklinik für Traditionelle Chinesische Medizin, Elisabethenstr. 62, 64283 Darmstadt, Tel.: 0 61 51/3 07 69 50, Fax: 0 61 51/3 07 69-5 26, Internet: www.zfm.de; Tagesklinik für Traditionelle Chinesische Medizin am Bodensee, Immenstaad, Tel.: 0 75 45/90 16 81; Ludwig Boltzmann Institut für Akupunktur, Kaiserin Elisabeth Spital, Huglgasse 1–3, A-1150 Wien, Tel.: 00 43/1/9 81 04-57, Fax: 00 41/1/9 81 04-57 59, Internet: www.akupunktur.at; Österr. Wissenschaftliche Ärzteges. für Akupunktur, Schwindstr. 3/9, A-1040 Wien, Tel.: 00 43/1/5 05 03 92, Fax: 00 43/1/5 04 15 02; SAGA Schweizerische Ärzteges. für Akupunktur und Chinesische Medizin, Postfach 20 03, CH-8021 Zürich, Fax: 00 41/1/8 10 22 16, E-Mail: sekretariat-@saga.tcm.ch, www. saga.tcm.ch.
Amulette/Talismane: Gibt es im esoterischen Fachhandel oder auch bei Magic Discount, Postfach 14 22, 83604 Holzkirchen, Fax: 0 89/3 56 63 62 61, E-Mail: Magicdiscount@gmx.de.

Anthroposophische Medizin: R. Steiner: »Geisteswissenschaft und Medizin«, Rudolf Steiner Verlag; R. Steiner, I. Wegmann: »Grundlegendes für eine Erweiterung der Heilkunst nach geisteswissenschaftlichen Erkenntnissen«, Rudolf Steiner Verlag. Gesellschaft anthroposophischer Ärzte e. V., Roggenstr. 82, 70794 Filderstadt, Tel.: 07 11/7 77 80 00; Verein für erweiterte Heilweisen (Anthroposophie) e. V., Johannes-Kepler-Str. 56–58, 75347 Bad Liebenzell, Tel.: 0 70 52/20 34, Fax: 0 70 52/41 07.

Aromatherapie: Handbuch »Aromatherapie«, Haug Verlag; J. Valnet: »Aromatherapie«, Heyne Verlag; Erich Keller: »Astro-Düfte«; Erich Keller: »Das Handbuch der ätherischen Öle«; Erich Keller: »Essenzen der Schönheit«; Erich Keller: »Erlebnis Aromatherapie«, alle im Goldmann Verlag; »Das große Lexikon der Heilsteine, Düfte und Kräuter«, Methusalem Verlag. Forum Essenzia (Aromatherapie), Meier-Helmbrecht-Str. 4, 81377 München, Tel.: 0 89/7 14 53 91, Fax: 0 89/71 03 99 29.

Arthrosetherapie: Pulsierende elektromagnetische Felder (Auskunft über den BIO-Leserservice, Tel.: 0 81 58/80 21, Fax: 0 81 58/71 42, Internet: www.magazin-bio.de; »dona 200-S« von der Firma Opfermann Arzneimittel GmbH, 51674 Wiehl; ARTHROSE-Gesellschaft für prophylaktische Orthopädie, Tel.: 0 89/93 93 39 37 und Tel.: 0 89/1 59 63 54, Fax: 089/1 59 65 65.

Astrologie: Klein/Dahlke: »Das senkrechte Weltbild«, Heyne Verlag; Stephen Arroyo: »Astrologie, Psychologie und die vier Elemente«; Stephen Arroyo: »Astrologie, Karma und Transformation«, beides im Hugendubel Verlag; Anna D. Garuda: »Der große Astrokalender 2001«, Goldmann Verlag, und viele weitere Fachbücher über Astrologie.

Astrologie der Indianer: Sun Bear und Wabun Wind: »Das Medizinrad – Übungen zur Heilung der Erde«, Goldmann Verlag.

Atemtherapie: Ilse Middendorf: »Der erfahrbare Atem«, Junfermann Verlag; Verena Schmid-Eschmann: »Richtig atmen – aber wie?«, Heyne Verlag. Ilse Middendorf-Institut für den Erfahrbaren Atem, Viktoria-Luise-Platz 9, 10777 Berlin, Tel.: 0 30/2 18 38 58; Institut für Atemtherapie, Atemunterricht und Sprechtechnik, Bruchstraße 13–15, 40235 Düsseldorf, Tel.: 02 11/67 41 26; Österreichische Gesellschaft für Autogenes Training und Allgemeine Psychotherapie, Schnelleingasse 8, A-1040 Wien, Tel.: 00 43/1/9 83 35 65; Institut für Körperzentrierte Psychotherapie und Ganzheitliche Atemschule, Kanzleistraße 17, CH-8004 Zürich, Tel.: 00 41/1/2 42 29 30, Fax: 00 41/1/2 42 72 52.

Augentraining nach Bates: K. Schutt/B. Rumpler: »Besser sehen durch Augentraining«, Falken Verlag; Marilyn B. Rosanes-Berrett: »Besser sehen durch Augentraining«, Heyne Verlag.

Aura Soma: Vicky Wall: »Aura Soma, das Wunder der Farbheilung«, H.-J. Maurer Verlag; Dora Van Gelder-Kunt/Shafica Karagulla: »Die Chakras und die feinstofflichen Körper des Menschen«, Aquamarin Verlag.
Autogenes Training: Dr. med. Herbert Mensen: »Das ABC des autogenen Trainings«, Goldmann Verlag; Eberhard Grünzinger: »Entspannung durch autogenes Training«, Heyne Verlag; B. Hoffmann: »Handbuch des autogenen Trainings«, dtv München; J. H. Schultz: »Das autogene Training« und »Übungsheft für das autogene Training«, beide im Thieme Verlag.
Ayurveda: Amadea Morningstar/Urmila Desai: »Die Ayurveda-Küche«, Heyne Verlag; Dr. Vinod Verma: »Ayurveda, der Weg des gesunden Lebens«, O. W. Barth Verlag, Scherz Verlag; Elisabeth Veit: »Mit Ayurveda zum Idealgewicht«, Heyne Verlag; Dr. Karin Pirc: »Ayurveda – Kursbuch für Mutter und Kind«, Heyne Verlag; Dr. Ulrich Bauhofer: »Aufbruch zur Stille«, Lübbe Verlag; Dr. Ernst Schrott: »Ayurveda für jeden Tag«, Mosaik Verlag; Dr. Ernst Schrott: »Die köstliche Küche des Ayurveda«, Heyne Verlag; M. Warelopoulos/B. Heyn/A. Dinhopl: »Gesund genießen mit Ayurveda«, Heyne Verlag. Eine Liste praktizierender Ärzte und Heilpraktiker sowie ayurvedischer Gesundheitszentren erhalten Sie bei der Deutschen Gesellschaft für Ayurveda e. V., Wildbadstraße 201, 56841 Traben-Trarbach, Tel.: 0 65 41/58 17, Fax: 0 65 41/81 19 82, E-Mail: ayur-veda@net-avt.de, Internet: www.ayurveda-gesellschaft.de; Österreichische Gesellschaft für Ayurvedische Medizin, Biberstraße 22/2, A-1010 Wien, Tel.: 00 43/1/5 13 43 52, Fax: 00 43/1/5 13 96 60.
Bach-Blüten-Therapie: Mechthild Scheffer: »Die Original Bach-Blüten-Therapie«, Hugendubel Verlag; Mechthild Scheffer: »Selbsthilfe durch Bach-Blüten-Therapie«, Heyne Verlag; Mechthild Scheffer: »Lehrbuch der Original Bach-Blütentherapie für die Arzt- und Naturheilpraxis«, Urban & Fischer Verlag; Mechthild Scheffer/Wolf-Dieter Storl: »Neue Einsichten in die Bach-Blütentherapie« und »Das Heilgeheimnis der Bach-Blüten«, beide im Heyne Verlag; Stefan Ball: »Bach-Blüten – Das umfassende Praxisbuch«, Heyne Verlag; Dr. Edward Bach: »Gesammelte Werke«, Aquamarin Verlag; Dr. med. Götz Blome: »Das neue Bach-Blüten-Buch«, Bauer Verlag. Dr. Edward Bach Centre, Himmelstraße 9, 22299 Hamburg, Tel.: 0 40/4 31 87 80, Fax: 0 40/4 32 26 35.
Baunscheidtverfahren: G. Kirchner: »Baunscheidt – Akupunktur des Westens«, Ariston Verlag; G. Tienes: »Der Baunscheidtismus«, Hippokrates Verlag.
Bewegungstraining: Dr. Edwin Flatto: »Gesund durch Bewegungstraining«, Waldthausen Verlag; H. Petzold: »Integrative Bewegungstherapie«, Junfermann Verlag.
Bioakustik: Ausbildungen zum Bioakustiker im Johanniterhof, W. Maiworm,

Stumpenstr. 1, 78052 Obereschach, Tel.: 0 77 21/6 33 15, Fax: 0 77 21/7 43 06; Auskunft erteilt auch der BIO Ritter Verlag, Tutzing, Tel.: 0 81 58/80 21, Fax: 0 81 58/71 42, E-Mail: bioritter@aol.com, Internet: www.magazin-bio.de.
Biochemie: Dr. Schüßler: »Eine abgekürzte Therapie«, Rohm Verlag; Surya: »Homöopathie, Isopathie, Biochemie, Satrochemie und Elektrohomöopathie«, Rohm Verlag; Hans Wagner: »Rundum gesund mit Schüßler-Salzen«, Südwest Verlag; Monika Helmke Hausen: »Lebensquell Schüßersalze«, Hermann Bauer Verlag. Kontaktadresse: Biochemischer Bund Deutschlands e. V., In der Kuhtrift 18, 41541 Dormagen, Fax: 0 21 33/73 91 39, E-Mail: biochemie@bbdnet.de, Internet: www.biochemie-net.de.
Bioenergetik: A. und L. Lowen: »Bioenergetik für Jeden«, Peter Kirchheim Verlag.
Bioresonanztherapie: A. Baklayan: »Parasiten – Die verborgene Ursache vieler Erkrankungen«, Goldmann Verlag; Hulda Regehr Clark: »Heilung ist möglich«, Droemer Knaur Verlag; B. Köhler: »Biophysikalische Informationstherapie«, Gustav Fischer Verlag. Internationale Ärztegesellschaft für Biophysikalische Informationstherapie (BIT), Sandstraße 19, 79104 Freiburg, Tel.: 07 61/5 33 80, Fax: 07 61/5 75 22, Internet: www.bit-org.de; Vedasan Vertriebs GmbH für Bücher und Naturprodukte, Postfach 12 40, 65302 Bad Schwalbach, Tel.: 01 80/5 25 83 56, Fax: 0 61 28/4 10 98; Österreichische Ärztegesellschaft für Biophysik. Informations-Therapie, Schulstraße 17, A-2871 Zöbern, Tel.: 00 43/26 42/87 50, Fax: 00 43/26 42/87 50 13.
Bioresonanz-Zapper für den Heimgebrauch: Digezapper der Firma Helmle Med, Kazmairstr. 49, 80339 München, Tel.: 0 89/26 56 35, Fax: 0 89/23 26 97 68.
Biorhythmus: Hugo Max Gross: »Biorhythmik – Das Auf und Ab unserer Lebenskraft«, Hermann Bauer Verlag.
Blumenbilder: Tita Heydecker, Künstlergemeinschaft Hallbergmoos, Schlossgut Erching, Seiboldhaus 4, 85399 Hallbergmoos, Tel.: 08 11/12 95. Acryl auf Leinwand, Bildformat: 25 x 25 cm.
Blutegeltherapie: U. Abele, E. W. Stiefvater: »Ascher-Fibel«; I. Müller: »Blutegeltherapie«, beides Haug Verlag.
Cantharidenpflaster: Abele: »Propädeutik der Humoraltherapie«, Haug Verlag.
Chinesische Medizin: Siehe »Akupunktur«.
Chiropraktik: Eder/Tilscher: »Chirotherapie«, Hippokrates Verlag; G. Fleming: »Die Dorn Methode«, Aurum Verlag. Arbeitsgemeinschaft für Chiropraktik, Osteopathie und Neuraltherapie, Wartburgstr. 52, 10832 Berlin; Dr. Jean-Pierre Cordey, Waisenhausplatz 10, CH-3011 Bern, Tel.: 00 41/31/ 3 28 22 33,

Fax: 00 41/31/3 28 22 20, E-MaiL: cordey@chiropraktik.ch; Schweizerische Chiropraktoren-Gesellschaft, Sulgenauweg 38, CH-3007 Bern, Tel.: 00 41/31/ 3 71 03 01, Fax: 00 41/31/3 72 26 54, E-Mail: scgasc@swissonline.ch.
Darmgesundheit: H. Rieth: »Mykosen, Anti-Pilz-Diät«, notamed Verlag. Arbeitskreis für Mikrobiologische Therapie e. V., Kornmarkt 2, 35726 Herborn; Gesellschaft für Biologische Krebsabwehr e. V., Hauptstraße 44, 69117 Heidelberg, Tel.: 0 62 21/13 80 20, Fax: 0 62 21/1 38 02 20.
Darmreinigung: »Das große Buch der Darmreinigung«, BIO Ritter Verlag, Monatshauser Str. 8, 82327 Tutzing, Tel.: 0 81 58/80 21, Fax: 0 81 58/71 42.
Diät: Dr. med. Dörten Wolff: »Die revolutionäre Impuls-Diät – Schlank werden mit Appetit«, Mosaik Verlag.
Dorn-Methode (Chiropraktik): Herr Günther Gross (Leiter der Dorn-Seminare), Tel.: 0 75 20/92 31 95; Praxis Dieter Dorn, Tel.: 0 83 94/2 15 (nach einem Behandler in Ihrer Nähe fragen).
Eigenbluttherapie: V. Höveler: »Eigenbluttherapie«, Haug Verlag; H. Krebs: »Eigenbluttherapie«, Gustav Fischer Verlag.
Elektroakupunktur: Internationale medizinische Gesellschaft für Elektroakupunktur nach Voll, Am Sender 3, 47533 Kleve, Tel.: 0 28 21/2 78 33, Fax: 0 28 21/1 36 45.
Elektrotherapie: H. Edel: »Fibel der Elektrodiagnostik und Elektrotherapie«, Verlag Gesundheit; O. Gillert: »Elektrotherapie«, Pflaum Verlag; G. Heepen: »Hochfrequenztherapie in der Praxis«, Eigenverlag, Tuttlingen.
Ernährung: W. Kollath: »Die Ordnung unserer Nahrung«, Haug Verlag; Ingeborg Münzing-Ruef: »Kursbuch gesunde Ernährung – Die Küche als Apotheke der Natur«, Heyne Verlag; Ingeborg Münzing-Ruef/Stefanie Latzin: »Gesund mit der Kreta-Diät – Das Ernährungsgeheimnis für ein langes Leben«, Heyne Verlag; Leitzmann/Keller/Hahn: »Alternative Ernährungsformen«, Hippokrates Verlag; Koerber/Männle/Leitzmann: »Vollwert-Ernährung«, Haug-Hüthig Verlag. Deutsche Gesellschaft für Ernährung e. V., Im Vogelsgesang 40, 60488 Frankfurt, Tel.: 0 69/9 76 80 30, Fax: 0 69/97 68 03 99, Internet: www.dge.de; Eden-Stiftung zur Förderung naturnaher Lebenshaltung, Wiesbadener Weg 1, 65812 Bad Soden, Tel.: 0 61 96/64 33 40, Fax: 0 61 96/64 20 87; Schweizerische Vereinigung für Ernährung, Effingerstr. 2, Postfach 83 33, CH-3001 Bern, Tel.: 00 41/31/3 85 00 00, Fax: 00 41/31/3 85 00 05, E-Mail: info@sve.org, Internet: www.sve.org.
Familienaufstellung: Bei »Brennpunkt Neue Erde«, Frau Margit Hoffmann, erhalten Sie Adressen für eine Familienaufstellung in Ihrer Nähe, Tel.: 0 61 28/ 93 40 60, Fax: 0 61 28/93 40 62. Familienaufstellung bei Erbkrankheiten:

Dr. Baitinger, Am Stadtpark 95, 90408 Nürnberg, Tel.: 09 11/3 65 18 31, Fax: 0 9 11/35 92 99, E-Mail: regionalgruppe@baitinger-therapie.de; Weserbergland-Klinik, Dr. Arnold, Tel.: 0 52 71/98 23 21.

Farbtherapie: Christa Muths: »Farb-Therapie. Mit Farben heilen – der sanfte Weg zur Gesundheit«, Heyne Verlag.

Feng Shui: Chao-Hsui Chen: »Feng Shui – Gesund und glücklich wohnen in Buddhas Haus und Garten«, »Feng Shui für Schönheit und Wohlbefinden« und »Body Feng Shui – Die Botschaften des Körpers entschlüsseln«, alle im Heyne Verlag; Lam Kam Chuen: »Das Feng Shui Handbuch – Wie Sie Ihre Wohn- und Arbeitssituation verbessern«, Joy Verlag; Ulrike und Joachim Prinz: »Das Feng-Shui-Kochbuch«, Heyne Verlag; Sarah Bartlett: »Feng Shui der Liebe«, Heyne Verlag. Feng-Shui-Artikel: Magic Discount, Fax: 0 89/ 3 56 63 62 61, E-Mail: Magicdiscount@gmx.de.; Methusalem, Max-Eyth-Str. 39, 89231 Neu-Ulm, Tel.: 07 31/9 70 28 17, Fax: 07 31/9 70 28 18, E-Mail: methusalem-verlag@t-online.de.

Fitness: Alexander-Technik e. V. (GLAT), Guntramstraße 11, Freiburg; Buchtipp: F. M. Alexander: »Der Gebrauch des Selbst«, Kösel Verlag; »Die 7 Lotusblüten, Die Verjüngungsübungen vom Dach der Welt«, Nymphenburger, Herbig Verlagsbuchhandlung; »Die Fünf Tibeter«, Einführung von Chris Criscom, Integral; Interesse für Eutonie? Internet: www.eutonie.com; Buchtipp Feldenkrais: Anna Triebel-Thoma »Feldenkrais«, Gräfe & Unzer Verlag, 1989; Buchtipp ZaZen: Joe Hyams: »Der Weg der leeren Hand«, Zen in den Kampfkünsten, Knaur-Esoterik.

Fußdiagnose/Fußreflexzonen: Christa Muth: »Heilen durch Reflexzonentherapie«, Heyne Verlag; Avi Grinberg: »Fuß-Diagnose. Die Füße – Spiegel der Seele. Ein praktisches Arbeitsbuch«, Goldmann Verlag; Marquardt: »Lehrbuch der Reflexzonentherapie am Fuß«, Hippokrates Verlag.

Galvanotherapie: Weserbergland-Klinik Dr. Arnold, Tel.: 0 52 71/98 23 20; Herbert Sand, Lessingstr. 14, 73230 Kirchheim-Ötlingen, Tel.: 0 70 21/64 50; Informationen zur Galvano-Therapie erhalten Sie auch vom BIO Ritter Verlag, Monatshauser Straße 8, 82327 Tutzing, Tel.: 0 81 58/80 21, Fax: 0 81 58/71 42, E-Mail: bioritter@aol.com.

Ganzheitliche Medizin: Bernd Dost: »Heilung durch ganzheitliche Medizin«, Goldmann Verlag; »Die neuen Heiler – Wo Kranke wirklich Hilfe finden«, ISBN 3-7766-2096-X. Münchner Modellprojekt zur Integration von Naturheilverfahren, Kaiserstr. 9, 80801 München, Tel.: 0 89/33 04 10 40, Fax: 0 89/39 34 84; Verein für erweitertes Heilwesen e. V., Johannes-Kepler-Str. 56–58, 75347 Bad Liebenzell, Tel.: 0 70 52/20 34, Fax: 0 70 52/41 07; Zeitschrift für Körper,

Geist und Seele: BIO Ritter Verlag, Monatshauser Str. 8, 82327 Tutzing, Tel.: 0 81 58/80 21, Fax: 0 81 58/71 42, E-Mail: bioritter@aol.com.

Geistiges Heilen: Dr. Harald Wiesendanger: »Geistheiler – Der Ratgeber«, LEA Verlag, Internet: www.psi-infos.de; Rudolf Passian: »Abenteuer PSI«, Reichl Verlag; Dagny und Imre Kerner: »Heilen – Vom Umgang mit Geistheilern«, Heyne Verlag; W. Schiebeler: »Paranormale Heilmethoden auf den Philippinen«, Passat Verlag; W. Veldung: »Geist-Chirurgie in Bewusstsein und Heilung«, Passat Verlag. Der Arbeitskreis Radionik und Schwingungsmedizin e. V., Waldstr. 20, 23611 Bad Schwartau, Tel./Fax: 04 51/28 11 84 führt im Rahmen seiner Forschung »Wie Heilung geschieht« ein Pilotprojekt durch; Dachverband Geistiges Heilen e. V., Steigerweg 55, 69115 Heidelberg, Internet: www.dgh-ev.de.

Grafologie: Alfons Lüke: »Grafologie für Einsteiger« und »Das große Handbuch der Grafologie«, beides im Ariston Verlag; Marie Bernard: »Sex und Handschrift«, Seehamer Verlag; weitere Informationen erhalten Sie auch vom BIO Leserservice, Monatshauser Str. 8, 82327 Tutzing, Tel.: 0 81 58/80 21, Fax: 0 81 58/71 42, E-Mail: bioritter@aol.com.

Heilfasten: O. Buchinger: »Das Heilfasten und seine Hilfsmethoden als biologischer Weg«, Hippokrates Verlag; Brigitte Neusiedl: »Heilfasten – Harmonie von Körper, Geist und Seele«, Heyne Verlag; H. Lützner: »Wie neugeboren durch Fasten«, Gräfe und Unzer Verlag. Ärztegesellschaft für Heilfasten und Ernährung, Säntisstraße 82, 88662 Überlingen, Tel.: 0 75 51/80 78 05, Fax: 0 75 51/6 58 89.

Heilgebete: Prof. Berthold A. Mülleneisen: »Heilgebete – Spirituelle Kraft für Körper und Seele«, Herbig Verlag.

Heilpraktiker: Die Deutschen Heilpraktiker-Verbände, Danneckerstr. 4, 70182 Stuttgart, Tel.: 07 11/24 29 64, Fax: 07 11/60 42 21.

Heilsteine: »Das große Lexikon der Heilsteine, Düfte und Kräuter«, Methusalem Verlag; Gunther Vorreiter: »Die Heilenergie der Edelsteine«, Deutscher Sparbuchverlag; Dr. Flora Peschek-Böhmer: »Heilung durch die Kraft der Steine«, Ludwig Verlag. Versand: Methusalem, Max-Eyth-Str. 39, 89231 Neu-Ulm, Tel.: 07 31/9 70 28 17, Fax: 07 31/9 70 28 18, E-Mail: methusalem-verlag-@t-online.de.

Hexen: »Sibyllas Hexenkalender«, Goldmann Verlag; Infos auch unter www.hexen-online-org. Astrologische Hexen-Rituale: Fax: 0 89-5 46 95 68, E-Mail: Anna.Garuda@t-online.de, Internet: www.astro-garuda.de.

Hildegard-Medizin: W. Strehlow: »Hildegard-Heilkunde von A bis Z«, Knaur Verlag; Hertzka/Strehlow: »Die Edelsteinmedizin der heiligen Hildegard« und

»Handbuch der Hildegard-Medizin«, beides im Bauer Verlag. Förderkreis Hildegard von Bingen e. V., Nestgasse 2, 78464 Konstanz, Tel.: 0 75 31/3 14 87, Fax: 0 75 31/3 34 03, E-Mail: jura@hildegard.de, Internet: www.hildegard.de.; Bund der Freunde Hildegards e. V., Zentrum, A-5084 Großgmain, Tel.: 00 43/62 47/82 53.
Holunder: Astrid Winter »Geheimnisvolle Holunderkraft«, Windpferd Verlag (erhältlich auch über BIO-Versandservice, Tel.: 0 81 58/80 21, Fax: 0 81 58/71 42, bioritter@aol.com).
Homöopathie: Herbert Fritsche: »Die Erhöhung der Schlange«, Burgdorf Verlag; Stephen Cumming/Dana Ullman: »Das Hausbuch der Homöopathie«, Heyne Verlag; G. Vithoulkas: »Medizin der Zukunft«, Wenderoth Verlag; Herbert Fritsche: »Idee und Wirklichkeit der Homöopathie«, Burgdorf Verlag; Samuel Hahnemann: »Organon der Heilkunst«, Haug Verlag; »Enders Handbuch der Homöopathie«, Haug Verlag. Kontaktadressen: Deutscher Zentralverein homöopathischer Ärzte e. V., Am Hofgarten 5, 53113 Bonn, Tel.: 02 28/2 42 53 30, Fax: 0228/2 42 53 31; Bundesverband Patienten für Homöopathie e. V., Burgstraße 20, 37181 Hardegsen, Tel.: 0 55 05/10 70, Fax: 0 55 05/95 96 96, E-Mail: BPH-Mail@t-online.de, Internet: www.bph-online.de; Österreichische Gesellschaft für homöopathische Medizin, Mariahilferstr. 110, A-1070 Wien, Tel.: 00 43/1/5 26 75 75, E-Mail: sekretariat@homoeopathie.at, Internet: www.homoeopathie.at.
Humoraltherapie: J. Abele: »Propädeutik der Humoraltherapie«, Haug Verlag.
Hyperthermie: M. Heckel: »Ganzkörper-Hyperthermie«; P. Vaupel/W. Krüger: »Wärmetherapie mit wassergefilterter Infrarot-A-Strahlung«, alle im Hippokrates Verlag (in Bibliotheken erhältlich).
Hypnose: Bongartz: »Hypnosetherapie«, Hogrefe Verlag; H.-C. Kossak: »Hypnose«, Psychologie Verlags Union. Deutsche Gesellschaft für therapeutische Hypnoseforschung, Kaiserstr. 2 a, 66955 Pirmasens, Tel.: 0 63 31/7 37 74; Milton-Erickson-Gesellschaft f. Klin. Hypnose e. V., Waisenhausstr. 55, 80637 München, Internet: www.meg-hypnose.de
I Ging: »I Ging, Text und Materialien«, Diederichs Gelbe Reihe.
Indianerrituale zum Aufladen der Grundenergie: Peter Whiteheart: »Fit x Vier, Schwung und Energie durch das geheime Wissen der Indianer«, Smaragd Verlag; Kenneth Meadows: »Die Kraft der Indianer – Praktische Anleitung zum Schamanismus in heutiger Zeit« und »Das Buch des Schamanismus – Der sanfte Weg zu Weisheit, Kraft und innerer Harmonie«, beides im Heyne Verlag.
Katathyme Imaginationstherapie: H.-C. Leuner: »Katathym-Imaginative Psychotherapie«, Thieme Verlag.

Kinesiologie: Dr. med D. Klinghardt: »Lehrbuch der Psycho-Kinesiologie«, H. Bauer Verlag; A. Ertl: »Kinesiologie – Gesund durch Berühren«, Südwest Verlag; A. Holdway: »Kinesiologie – Der goldene Schlüssel zur Weisheit des Körpers«, Aurum Verlag. Kontaktadressen: Deutsche Gesellschaft für angewandte Kinesiologie, Dietenbacher Str. 22, 79199 Kirchzarten, Tel.: 0 76 61/98 07 56. Dort erhalten Sie Anwenderlisten über praktizierende Kinesiologen in Ihrer Wohnortnähe. Institut für Neurobiologie nach Dr. Klinghardt GmbH, Waldäckerstraße 27, 70435 Stuttgart, Tel.: 07 11/ 8 06 08 70. Augsburg: HP Richard Mayer-Sonnenburg, Loisachstraße 8a, 86179 Augsburg, Tel.: 08 21/88 04 71, Fax: 08 21/81 31 55; Akademie für Angewandte Kinesiologie, Kräuterdorf, A-8362 Söchau, Tel.: 00 43/33 87/ 32 10, Fax: 00 43/33 87/32 12; Schweizerische Gesellschaft für Angewandte Kinesiologie, Rosenbergerstr. 50 a, CH-9000 St. Gallen, Tel.: 00 41/71/ 22 12 66, Fax: 00 41/71/23 81 66.
Kneipp-Therapie: Bachmann/Schleinkofer: »Die Kneipp-Wassertherapie«, Trias Verlag; S. Kneipp: »Meine Wasserkur. So sollt ihr leben«, Ehrenwirth Verlag. Kneipp-Bund e. V., Bundesverband für Gesundheitsförderung, Adolf-Scholz-Allee 6, 86825 Bad Wörishofen, Tel.: 0 82 47/3 00 20, Fax: 0 82 47/30 02 99.
Kolloidales Silber: Helmle Med, Kazmairstraße 40, 80339 München, Tel.: 0 89/ 26 56 35, Fax: 0 89/23 26 97 68 (natürliches Antibiotika).
Kosmische Bestellungen: Bärbel Mohr: »Bestellungen beim Universum«, Omega Verlag.
Kraniosakrale Osteopathie: I. Hartmann: »Lehrbuch der Osteopathie«, Pflaum Verlag, und »Lehrbuch der Kraniosakraltherapie«, Haug Verlag.
Kräuterheilkunde: Eva Aschenbrenner: »Der Wildkräutergang«, SMV Verlag; Anita Höhne: »Medizin am Wegesrand – Die Heilkraft der Kräuterküche«, Heyne Verlag.
Kräutertraumkissen: Atlantis Magic Discount, Postfach 14 22, 83604 Holzkirchen, Fax: 0 89/5 46 95 68, E-Mail: Magicdiscount@gmx.de.
Krebsabwehr: Beyersdorff: »Biologische Wege zur Krebsabwehr«, Haug Verlag. Gesellschaft für Biologische Krebsabwehr (Kontaktstelle Heidelberg, Tel.: 0 62 21/13 80 20; Berlin, Tel.: 0 30/3 42 50 41; Düsseldorf, Tel.: 02 11/24 12 19; Hamburg, Tel.: 0 40/6 40 46 27; München, Tel.: 0 89/26 86 90).
Lapacho-Tee: Gibt es in guten Teeläden, Naturkostläden und im Reformhaus.
Lasertherapie: Danhof: »Lasertherapie in der Allgemeinmedizin«, WBV Verlag; J. Elias: »Laserakupunktur«, Aescura im Urban & Fischer Verlag.
Lymphdrainage: Gesellschaft für Manuelle Lymphdrainage nach Dr. Vodder, Kronengasse 3, 89073 Ulm.

Magische Öle: Gibt es bei Atlantis Magic Discount, Postfach 14 22, 83604 Holzkirchen, Fax: 0 89/5 46 95 68; E-Mail: Magicdiscount@gmx.de.
Magnetfeldtherapie: D. Hachenberg: »Therapie mit statischen Magnetfeldern« in »Erfahrungsheilkunde«; W. Ludwig: »Magnetfeldtherapie« in »Dokumentation der besonderen Therapien«. Arbeitskreis Biophysik und Magnetfeldtherapie, Hauptstraße 179, 67473 Lindenberg/Pfalz, Tel.: 0 63 25/29 22; Info Magnetfeld-Matten für Privat Fax: 089/5 46 95 68.
Manuelle Therapien: D. Heimann: »Leitfaden Manuelle Medizin«, G. Fischer Verlag; Gerda Flemming: »Die Dorn-Methode«, ISBN 3-591-08407-7. Dorn-Seminare über Günther Gross, Tel.: 0 75 20/92 31 95.
Massage: Richard Gordon: »Deine heilenden Hände – Eine Anleitung zur Polarity-Massage«, Heyne Verlag. Internat. Massage-Akademie des Weltverbandes der Masseure und Gesundheitstherapeuten, Schußwallgasse 1/10, A-1050 Wien, Tel. und Fax: 00 43/1/5 48 26 29, E-Mail: office@weltverband.com, Internet: www.weltverband.com.
Mayr-Kur: E. Rauch: »Die Darmreinigung nach F. X. Mayr«, und »Die Diagnostik nach F. X. Mayr«, beides im Haug Verlag. Mayr-Kur-Verein, Hauptstraße 34, 88179 Oberreute, Tel.: 08 83 87/12 33; Gesellschaft der Mayr-Ärzte e. V., Gesundheitszentrum am Wörther See, A-9082 Maria Wörth-Dellach, Tel.: 00 43/42 73/25 11.
Meditation: Drs. Schachinger/Schrott: »Gesundheit aus dem Selbst: Transzendentale Meditation«, ISBN 3-933496-42-X; Gottwald/Howald: »Selbsthilfe durch Meditation«, MVG.
Mikrobiologische Therapien: M. Martin: »Leitfaden der mikrobiologischen Therapie«, Ralf Reglin Verlag. Arbeitsgemeinschaft für Mikrobiologische Therapie, Am Deutschherrnberg 19, 35578 Wetzlar, Tel.: 0 64 41/4 53 73.
Moxibustion: Auteroche: »Übungen zur Akupunktur und Moxibustion«, Hippokrates Verlag; Wühr: »Chinesische Akupunktur und Moxibustion«, Verlag für Ganzheitliche Medizin.
Naturheilkunde: Dr. Schmiedel/Dr. Augustin: »Handbuch Naturheilkunde«, Haug Verlag; A. Höhne/Dr. med. L. Hochenegg: »Kursbuch Naturheilkunde«, Heyne Verlag; Bierbach: »Naturheilpraxis Heute«, Urban & Fischer Verlag. Deutscher Naturheilbund, Kreuzbergstr. 45, 74564 Crailsheim, Tel.: 0 79 51/55 04, Fax: 0 79 51/4 46 54; Münchner Modellprojekt zur Integration von Naturheilverfahren, Kaiserstr. 9, 80801 München, Tel.: 0 89/3 30 410 40, Fax: 0 89/39 34 84; Eine achtseitige Broschüre »Heilen mit der Natur« ist bei der Verbraucher Initiative, Elsenstr. 106, 12435 Berlin zu erhalten, Internet: www.verbraucher.org.

Neuraltherapie: Dosch: »Lehrbuch der Neuraltherapie nach Huneke«, Haug Verlag; Badtke/Mudra: »Neuraltherapie«, Ullstein Mosby Verlag.
Noni-Saft: »Fit und vital mit der Kahuna-Zauberfrucht Noni«, Windpferd Verlag. Noni-Saft auch über Brigitte Versand, Johannesstraße 118, 73614 Schorndorf, Tel.: 0 71 81/7 32 92, Fax: 0 71 81/7 50 33, E-Mail: Brigitte-Versand@t-online.de, oder bei der Firma Helmle Med, Kazmairstr. 49, 80339 München, Tel.: 0 89/26 56 35, Fax: 0 89/23 26 97 68.
Ölsaugen/Ölkur: Norbert Messing: »Gesund und fit durch Ölsaugen«, BIO Ritter Verlag Tutzing, Tel.: 0 81 58/80 21, Fax: 0 81 58/71 42, E-Mail: bioritter@aol.com.
Orgontherapie: Wilhelm Reich: »Die Entdeckung des Orgons I«, Kiepenheuer & Witsch Verlag; Herskowitz: »Emotionale Panzerung«, Lit Verlag; »Psychiatrische Orgontherapie« in »Lebensenergie«, Zeitschrift für Orgonomie, 1-5/1995; James De Meo: »Der Orgonakkumulator – Ein Handbuch«, 2001 Verlag; »Orgon-Energie«, Granit Verlag. Wilhelm Reich Institut für Interdisziplinäre Therapie und Beratung e. V., Dr. med. D. und M. Fuckert, Im Bräunlesrot 20, 69429 Waldbrunn, Tel.: 0 62 74/92 93 77, Fax: 0 62 74/53 45, E-Mail: praxis@fuckert.de, Internet: www.fuckert.de; Verein zur Förderung der Orgonenergie (VFO), Dürerstraße 10, 68542 Heddesheim, Tel.: 0 62 03/49 41 55; Bioaktiv GmbH, Am Neugraben 10, 91598 Colmberg, Tel.: 0 98 03/91 11-0, Fax: 0 98 03/3 09, Hersteller des Orgonstrahlers von Arno Herbert.
Orthomolekulare Therapie: Dr. Lothar Bugerstein: »Heilwirkung von Nährstoffen«, Haug Verlag; Earl Mindell: »Die Nährstoff-Bibel – Handbuch der Nahrungsergänzungsmittel«, Heyne Verlag; »Vitamine, Mineralstoffe, Spurenelemente in Medizin, Ernährung und Umwelt«, Periodicum, Hippokrates Verlag, erscheint viermal jährlich; C. C. Pfeiffer: »Nährstoff-Therapie bei psychischen Störungen«, Haug Verlag. Burgerstein-Produkte gibt es in vielen Apotheken oder Sie fragen bei der Firma Switamin nach Bezugsquellen: Tel.: 00 41/1/7 71 77 11 oder Fax: 00 41/1/7 15 35 11, E-Mail: Info@switamin.com; Forschungskreis für Molekulartherapie nach Koch, Bruno-Lauenroth-Weg 31, 22417 Hamburg, Tel.: 0 40/5 20 05 51, Fax: 0 40/5 20 33 10; Stiftung zur Internationalen Förderung der Orthomolekularen Medizin, Postfach, CH-8640 Rapperswil, Tel.: 00 41/55/27 72 91.
Oxithermie: M. Heckel: »Ganzkörper-Hyperthermie«, P. Vaupel/W. Krüger: »Wärmetherapie mit wassergefilterter Infrarot-A-Strahlung«, alle im Hippokrates Verlag (in Bibliotheken erhältlich).
Parasiten: Hulda Regehr Clark: »Heilung ist möglich«, Knaur Verlag; Baklayan: »Parasiten, die verborgene Ursache vieler Erkrankungen«, Goldmann Verlag, siehe auch »Darmgesundheit«.

Phytotherapie: Fischer/Krug: »Heilpflanzen und Arneipflanzen«, Haug Hüthig Verlag; Weiss/Fintelmann: »Lehrbuch der Phytotherapie«, Hippokrates Verlag; Wenigmann: »Phytotherapie«, Aescura im Verlag Urban & Fischer.
Power-(Buddha-)Armbänder: Sind im esoterischen Fachhandel erhältlich, aber auch bei der Firma Methusalem (siehe Heilsteine) oder der Firma Magic Discount, Fax: 0 89/3 56 63 62 61 und Fax: 0 89/5 46 95 68, siehe »Amulette«.
Psycho-Training: G. Ritter: »Psycho-Training – Das kleine Buch vom glücklichen Leben«, BIO Ritter Verlag, 82327 Tutzing, ISBN 3-920788-39-7.
Pyramiden: Rudi Ph. Weilmünster: »Praxis der Pyramidenenergie«, E-Mail: info@rudiphweilmuenster.de, Internet: www.rudiphweilmuenster.de. Pyramiden gibt es in großer Auswahl im esoterischen Fachhandel oder bei Magic Discount, Fax: 0 89/3 56 63 62 61, Magicdiscount@gmx.de.
Qi Gong: Ute Engelhardt: »Die klassische Tradition der Qi-Übungen (Qigong)«, MLV Verlag; Liu Quingshan: »Qi Gong«, Hugendubel Verlag; Ulli Olvedi: »Das Stille Qi Gong«, Heyne Verlag. Kurse über Qi Gong bietet fortlaufend die SMS (Adresse siehe Akupunktur); Akuna Gesellschaft für Klassische Chinesische Medizin und Alternativmedizin, Deutsches Akupunkturzentrum, Zu den Kuranlagen 1, 69429 Waldbrunn, Tel.: 0 62 74/68 34, Fax: 0 62 74/68 39; Forschungsinstitut für Chinesische Medizin e. V., Silberbachstr. 10, 79100 Freiburg, Tel.: 07 61/7 72 34.
Räucherwaren/-stäbchen: Gibt es im esoterischen Fachhandel oder bei Magic Discount, Postfach 14 22, 83604 Holzkirchen, Fax: 0 89/5 46 95 68, E-Mail: Magicdiscount@gmx.de.
Reiki: U. M. Klemm: »Reiki – das Handbuch für die Praxis«, Heyne Verlag. Reiki-Center, Gesellschaft für esoterische Schulung, Altvaterstr. 2, 14129 Berlin, Tel.: 0 30/8 03 18 24.
Reisen: »Verträglich Reisen«, Postfach 40 19 03, 80719 München, Tel.: 0 89/3 08 81 28, Fax: 0 89/3 08 81 18, E-Mail: info@vertraeglich-reisen.de oder Internet: www.vertraeglich-reisen.de.
Roiboos-Tee: Gibt es in guten Teeläden und Reformhäusern.
Rolfing: Peter Schwind: »Alles im Lot: Rolfing. Der Weg zu körperlichem und seelischem Gleichgewicht«, Goldmann Verlag; H.-G. Brecklinghaus: »Rolfing – Was es kann, wie es wirkt und wem es hilft«, Lebenshaus Verlag; Ida Rolf: »Rolfing – Strukturelle Integration«, Hugendubel Verlag; Ida Rolf: »Rolfing im Überblick, Physische Wirklichkeit und der Weg zu körperlicher Balance«, Junfermann Verlag. European Rolfing Association e. V., Kapuzinerstr. 25, 80337 München, Tel.: 0 89/54 37 09 40, Fax: 0 89/54 37 09 42, E-Mail: rolfing-

europe@compuserve.com, Internet: www.rolfing.org; Geschäftsstelle i. d. Schweiz Tel.: 00 41/8 78/80 01 30, und E-Mail: info@rolfing.ch, zu erreichen.

Sauerstoff- und Ozontherapie: M. Almeling & W. Welslau: »Grundlagen der hyperbaren Sauerstofftherapie«, Archimedes Verlags-GmbH; Rilling/Viebahn: »Praxis der Ozon-Sauerstoff-Therapie«, Fischer Verlag; Stadtlaender: »HOT«, Haug Verlag. Ardenne-Institut für Angewandte Medizinische Forschung, Zeppelinstr. 7, 01324 Dresden, Tel.: 03 51/2 63 74 00, Fax: 03 51/2 63 74 44; Hyperbares Sauerstoffzentrum GmbH, Karlstraße 42, 80333 München, Tel.: 0 89/54 82 31 22, Fax: 0 89/54 82 31 50, E-Mail: HBOZentrum@aol.com, oder Internet: www.HBOZentrum.de.

Schröpfen: J. Abele: »Das Schröpfen«, erschienen im Gustav Fischer Verlag.

Selbstbewusstsein: Peter Lauster: »Selbstbewusstsein«, Econ Verlag.

Selbsthilfegruppen: »Wegweiser Selbsthilfegruppen« im Psychosozial Verlag, Friedrichstr. 35, 35392 Gießen, Tel.: 04 61/7 78 19.

Shiatsu: W. Rappenecker: »Shiatsu für Anfänger«, Goldmann Verlag; Shiatsu für Fortgeschrittene: Jarmey/Mojay: »Das Große Shiatsu Handbuch«, Barth Verlag; Saul Goodman: »Shiatsu – Ein praktisches Handbuch«, Heyne Verlag; Paul Lundberg: »Die Heilende Kraft des Shiatsu«, Mosaik Verlag, Shizuto Masunaga: »Das Große Buch der Heilung durch Shiatsu«, Scherz Verlag. Gesellschaft für Shiatsu in Deutschland, Winterfeldtstraße 97, 10777 Berlin, Tel.: 0 30/2 18 27 03, Fax: 0 30/2 17 71 50 (Auskunft über Shiatsu-Schulen).

Spagyrische Heilweisen: Ch. und D. Casagrande: »Spagyrik – Paracelsus-Medizin im Alltag«, Ludwig Verlag; Fritschi: »Spagyrik«, Gustav Fischer Verlag; Heinz: »Spagyrik – die medizinische Alternative«, Bauer Verlag. Laboratorium Soluna, Heilmittel GmbH, Artur-Proeller-Straße 9, 86609 Donauwörth, Tel.: 09 06/70 60 60, Fax: 09 06/7 06 06 78, E-Mail: info@Soluna.de, Internet: www.Soluna.de (auch über spagyrische Kosmetikprodukte).

Spirulina: Marianne E. Meyer: »Spirulina - Das blaugrüne Wunder«, Windpferd Verlag, auch erhältlich bei BIO Ritter Verlag, Monatshauser Str. 8, 82327 Tutzing, Tel.: 0 81 58/80 21, Fax: 0 81 58/71 42, E-Mail: bioritter@aol.com.

Stimmfrequenz-Therapie: Ausbildungen zum Bio-Akustiker im Johanniterhof, W. Maiworm, Stumpenstr. 1, 78052 Obereschach, Tel.: 0 77 21/6 33 15, Fax: 0 77 21/7 43 06. Auskunft erteilt auch der BIO Ritter Verlag, Tutzing, Tel.: 0 81 58/80 21, Fax: 0 81 58/71 42, E-Mail: bioritter@aol.com; Internet: www.magazin-bio.de.

Suggestion: C. Baudouin: »Suggestion und Autosuggestion«, Basel; Bürgin: »Konzentratives Bewusstseinstraining zur Anregung der Selbstheilungskräfte«, Erfahrungsheilkunde 4/91.

Tai-Chi: Al Huang: »Lebensschwung durch Taichi«, O. W. Barth Verlag; Frieder Anders: »Taichi – Chinas lebendige Weisheit«, Heyne Verlag; Toyo und Petra Kobayashi: »Tai Chi Chuan«, Hugendubel Verlag; Robert Parry: »Taiji – Das Handbuch zum Erlernen der Übungen«, Heyne Verlag; Ute Engelhardt: »Theorie und Technik des Taiji Quan«, WBV Biologisch-Medizinische Verlags-GmbH. Kurse in Tai-Chi bietet fortlaufend die SMS, Adresse siehe »Akupunktur«, weitere Adressen siehe »Qi-Gong«.
Tantra: Ashley Thirleby: »Das Tantra der Liebe« und »Tantra-Reigen der vollkommenen Lust«, beides Scherz Verlag.
Tarot: Gute Tarotbücher und -karten gibt es im esoterischen Fachhandel oder bei Magic Discount, Fax: 0 89/3 56 63 62 61 und Fax: 0 89/5 46 95 68, E-Mail: Magicdiscount@gmx.de.
Thermalbäder: Therme Bad Endorf, Rathaus, Bahnhofstraße 6, 83093 Bad Endorf, Tel.: 0 80 53/30 08 22 und Fax: 0 80 53/30 08 30; Chiemgau-Thermen, Ströbinger Straße 18, 83093 Bad Endorf, Tel.: 0 80 53/20 09-0, Fax: 0 80 53/34 00, Internet: www.chiemgau-thermen.de.
Tibetische Heilkunst: Franz Reichle: »Das Wissen vom Heilen, Tibetische Medizin«, Haupt Verlag; N. Qusar, Robert Sachs: »Tibetisches Ayurveda«, Heyne Verlag; J. C. Sergent: »Tibetische Medizin und Ernährung«, Knaur Verlag; Egbert Asshauer: »Tibets sanfte Medizin«, Herder Verlag. Infos über Tibetische Rezepturen: Padma AG, Wiesenstraße 5, CH-8603 Schwerzenbach.
Tierkreiszeichen-Bilder: Konrad Dördelmann, Künstlergemeinschaft Hallbergmoos, Schlossgut Erching, Seiboldhaus 4, 85399 Hallbergmoos, Tel.: 08 11/12 95, und Preinerszeller Str. 4, 85301 Schweitenkirchen, Tel.: 0 84 44/74 73. Handkolorierte Radierungen aller zwölf Tierkreiszeichen, Bildformat: 20 x 15 cm, Papierformat: ca. 39,5 x 26,5 cm, Handabzug auf 300-g-Hahnemühle-Bütten-Kupferdruckkarton. Jedem Bild ist eine 18-seitige Schrift »Erklärungen zur Symbolik« beigefügt. Erhältlich auch unter der Internetadresse: www.astrogaruda.de.
Traumdeutung: Anna D. Garuda: »Träume – Seelenbotschaften und Zukunftsvisionen«, Goldmann Verlag; Anna D. Garuda: »Das Erotische Traumbuch«, Droemer Knaur Verlag.
Tuina-Massage: A. Meng: »Lehrbuch der Tuina-Therapie«, Haug Verlag; Yuanping/Deng: »Quintessenz der Tuina-Behandlung«, Verlag für Ganzheitliche Medizin. Weitere Information siehe unter »Akupunktur«.
Urintherapie: Abele/Herz: »Die Eigenharnbehandlung«, Haug Verlag; C. Thomas: »Ein ganz besonderer Saft – Urin«, Vgs.
Vitalsonnen: Fa. Weinsberger Solargesellschaft W. Stendel GmbH, Sulm-

straße 9, 74189 Weinsberg, Telefon: 0 71 34/96 15 00, Fax: 0 71 34/1 43 17, E-Mail: weinsberger@t-online.de.

Wasser: F. Batmangehelidj: »Heilendes Wasser«, »Wasser, die gesunde Lösung«, VAK Verlag; Karin Schutt: »Wasser – Quelle für Wohlbefinden und Schönheit«, Gräfe und Unzer Verlag; H. Kronberger/S. Lattacher: »Auf der Spur des Wasserrätsels« sowie »Das Grander-Journal«, beide im Uranus Verlag; »Sonnen-Zeitung, Das Magazin für Erneuerbare Energie«, Uranus Verlagsges. m.b.H., Lange Gasse 48/5, A-1080 Wien, Tel.: 00 43/1/4 03 91 11-0, Fax: 00 43/1/4 03 91 11-33, E-Mail: sonnenzeitung@uranus.at, www.uranus.at.

Yoga: Erling Petersen: Yoga – Das große Übungsbuch für Anfänger und Fortgeschrittene«, Heyne Verlag; Hans H. Rhyner: »Gesund und schön durch Yoga«, BLV; Susi Rieth: »Yoga-Heilbuch«, Heyne Verlag; L. Frank/U. Ebbers: »Gesundheit und Spannkraft durch YOGA«, Falken Verlag; Kareen Zebroff: »Yoga-Übungen für jeden Tag«, Fischer Verlag. Förderverein für Yoga und Ayurveda e. V., Weidener Straße 3, 81737 München, Tel.: 0 89/6 37 10 12; Schweizer Yogaverband, Seilerstr. 24, CH-3011 Bern, Tel.: 00 41/31/3 82 18 10, Fax: 00 41/32/9 41 50 41, E-Mail: swissyoga@compuserve.com, Internet: www.swissyoga.ch.

Zahlenmagie: Anna D. Garuda: »Zahlenmagie – Ihre numerologischen Glückszahlen« und »Lottoglück & Co. – Zehn traumhafte Wege zum Glück im Spiel«.

Zehensocken: Erhältlich bei Letz Go, 72379 Hechingen, Tel./Fax: 0 74 71/ 1 61 20, www.zehensocken.de.vu.

Zeitschrift ASTRO: fortune + fortune gmbh, Leopoldstr. 17, 80802 München, Fax: 0 89/34 01 90 39.

Zeitschrift für Erneuerbare Energie: »Sonnen-Zeitung«, Uranus Verlagsges. m.b.H., Lange Gasse 48/5, A-1080 Wien, Tel.: 00 43/1/4 03 91 11-0, Fax: 00 43/1/4 03 91 11-33.

Zeitschrift für Körper, Geist und Seele: BIO – Gesundheit für Körper, Geist und Seele, BIO Ritter Verlag, Monatshauser Str. 8, 82327 Tutzing, Tel.: 0 81 58/ 80 21, Fax: 0 81 58/71 42, E-Mail: bioritter@aol.com.

Zeitschrift VISIONEN: Sandila Import-Export Handels GmbH, Sägestraße 37, 79737 Herrischried, Tel.: 0 77 64/9 39 70.

Zentrum für ganzheitliches Denken: Fax: 0 89/3 56 63 62 61, E-Mail: Ganzheitszentrum@inetmail.de

Weitere Bücher und Kontaktadresse der Autorin

»Seelen-Blues – Von Menschen und anderen Wesen. Wahre Geschichten und Erzählungen«, Haag & Herchen Verlag Frankfurt, ISBN 3-86137-392-0. Dieses Buch erzählt die ganz unterschiedlichen Geschichten von Menschen und Tieren und deren innerem Geschehen: Empfindungen, Ahnungen, seelische Schwingungen, Sehnsüchte, Ängste, Träume, Visionen und vieles mehr. In liebevoller Erzählkunst führt uns die Autorin auf geheimnisvollen Pfaden in menschliche und tierische Seelenlandschaften und lässt unsere eigene Seele in diesen Empfindungen baumeln!

»Träume – Seelenbotschaften und Zukunftsvisionen. Das große Traumdeutungs-Lexikon«, Goldmann Verlag, München, ISBN 3-442-21528-5.
Die Traumexpertin regt dazu an, den Träumen auf die Spur zu kommen und ihre tiefe Botschaft zu verstehen. Traummotive und Traumgeschehen werden in dreifacher Hinsicht gedeutet: als tiefenpsychologische Aussage, als visionäre Botschaft im Hinblick auf zukünftige Ereignisse und als Symbol. Dieses umfassende Lexikon bietet differenzierte, jedoch gut verständliche Erläuterungen. Es eröffnet Ihnen einen leichten Einstieg in die Kunst der Traumdeutung!

»Der große Astrokalender – Jahres-, Monats- und Tagesprognose für alle Tierkreiszeichen«, Goldmann Verlag, München, ISBN 3-442-30842-9.
In diesem Buch erhalten Sie eine fundierte astrologische Zukunftsschau für jeden Monat des Jahres. Der große Astro-Kalender verrät Ihnen, was Sie in Beruf, Gesundheit, Finanzen sowie Liebe und Freundschaft erwartet. Zusätzlich finden Sie eine tabellarische Darstellung der günstigen Zeiten beziehungsweise negativen Einflüsse, eine ausführliche Allgemeincharakteristik der zwölf Tierkreiszeichen, die Vorstellung berühmter Persönlichkeiten, die großen Transite eines Jahres und allerlei Informationen zu Hobbys, günstigen Farben, Heilpflanzen, Edelsteinen und vielem mehr!

»Das erotische Traumlexikon«, Droemer Knaur Verlag, München, ISBN 3-426-77531-X.
Entdecken Sie die sinnlichen Botschaften Ihrer Träume: Das erotische Träume-Lexikon von A bis Z; praktische Traumdeutungsbesipiele; die erotischen Göttinnen und Götter in uns! Welche erotischen oder romantischen Liebesbotschaften sind in unseren Traumsymbolen verborgen? Das erste erotische

Traumlexikon, das rund 300 Traumsymbole und -motive nach tiefenpsychologischen Aussagen entschlüsselt und deutet und dabei berücksichtigt, ob der Träumende eine Frau oder ein Mann ist.

»Lottoglück & Co. – Zehn traumhafte Wege zum Glück im Spiel«, ISBN 3-8311-0625-8.
In diesem Buch erfährt der Leser die tiefsten Geheimnisse der Geisteswissenschaften. Dank des »Königswegs« oder des »Prinzenwegs« kann der Leser sein Glück im Spiel bewusst aktivieren. Die wichtigsten Kenntnisse der Astrologie, der Numerologie, der Magie, der Psychologie, der Traumdeutung und viele zusätzliche Hilfsmittel oder Rituale ermöglichen es ihm, aktiv und fröhlich an seiner Lebensverbesserung (materiell, seelisch und geistig) mitzuwirken!

»Zahlenmagie – Ihre numerologischen Glückszahlen«, ISBN 3-8311-1986-4.
Dieses Buch ist für jene Menschen geschrieben, die ihr spirituelles Wissen auf leicht verständliche Weise erweitern wollen. Aber auch für jene, die die positive Energie und Kraftquelle der Zahlenmagie für eine aktive Lebensverbesserung und für lohnende Ziele umsetzen möchten. Für jeden erlernbar wird die magische Kraft der chaldäisch-kabbalistischen Numerologie aufgezeigt und die geistige Verwandtschaft mit Astrologie und Magie erklärt. Zahlreiche Tipps zur persönlichen Lebensverbesserung und gezielten Aktivierung spezieller Lebensbereiche runden diese Erkenntnisse ab!

Alle Bücher sind im (Internet-)Buchhandel erhältlich oder direkt bei der Autorin handsigniert zu bestellen!

Kontaktadresse

Anna D. Garuda
Fax: 0 89/5 46 95 68
E-Mail: Anna.Garuda@t-online.de
Internetadresse: www.astro-garuda.de